多渠道仓配资源
一体化配置与运作优化研究

DUOQUDAO CANGPEI ZIYUAN
YITIHUA PEIZHI YU YUNZUO YOUHUA YANJIU

胡碧琴 ◎ 著

中国财经出版传媒集团
经济科学出版社
Economic Science Press

图书在版编目（CIP）数据

多渠道仓配资源一体化配置与运作优化研究/胡碧琴著．－－北京：经济科学出版社，2022.10
ISBN 978－7－5218－4085－8

Ⅰ.①多… Ⅱ.①胡… Ⅲ.①仓库管理－研究－中国②物流管理－物资配送－研究－中国 Ⅳ.①F259.2

中国版本图书馆 CIP 数据核字（2022）第 184494 号

责任编辑：崔新艳
责任校对：杨　海
责任印制：范　艳

多渠道仓配资源一体化配置与运作优化研究
胡碧琴　著

经济科学出版社出版、发行　新华书店经销
社址：北京市海淀区阜成路甲 28 号　邮编：100142
经管中心电话：010－88191335　发行部电话：010－88191522
网址：www. esp. com. cn
电子邮箱：expcxy@ 126. com
天猫网店：经济科学出版社旗舰店
网址：http://jjkxcbs. tmall. com
北京季蜂印刷有限公司印装
710×1000　16 开　10. 25 印张　170000 字
2022 年 11 月第 1 版　2022 年 11 月第 1 次印刷
ISBN 978－7－5218－4085－8　定价：58. 00 元
（图书出现印装问题，本社负责调换。电话：010－88191510）
（版权所有　侵权必究　打击盗版　举报热线：010－88191661
QQ：2242791300　营销中心电话：010－88191537
电子邮箱：dbts@ esp. com. cn）

　　本书受到常州工学院物流管理国家一流专业建设项目（项目编号：31820321030）资助

序

　　城市物流配送逐步呈现多渠道融合化的趋势。本书以城市多渠道共同仓储与配送活动为切入点，考虑在有限的仓配资源条件下，通过共同仓储、共同配送、共同布局、共同分派等交互共享方式，优化共同配送的路径，充分利用城市运力协调联动配送车辆，有效整合利用现有的仓储资源，进而达到降低城市配送整体运营成本、提高运作效率的目的。本书通过对多渠道仓配活动的特征分析，围绕"多渠道背景下仓配资源一体化的选址优化、多渠道存储位分配优化、多渠道仓库拣货策略优化"三个核心内容，从选址布局的宏观层面、运作优化的微观层面视角进行多渠道融合仓配资源一体化配置与运作优化研究。

　　多渠道融合仓配一体化选址布局问题讨论了"共同仓储分类配送、共同仓储共同配送"两种融合类型的选址和配送路径优化方式，建立了两种模式下的仓配一体化选址布局模型，运用松鼠算法等5种智能算法进行求解，比较了两种方式的成本差异。结合实际配送情况，考虑时间窗条件下的共同仓储共同配送模式的选址和配送路径优化问题，以时间窗与配送时间完成效率挂钩的形式，通过时间完成效率对目标函数形成反向约束，从而实现"最小化总成本和满足时间窗"双目标优化。

多渠道仓库存储位分配优化问题，考虑到不同渠道货物的存储形式对货架的平衡性和稳定性有不同影响，从仓库运作管理的安全性和仓库运作的高效性角度，将不同渠道货物的存储形式作为约束条件，达到平衡存储量、提高货架稳定性的目标。本书研究了基于货架稳定性因素的多渠道仓库存储位分配优化问题和基于货架平衡性因素的多渠道仓库存储位分配优化问题，构建多渠道仓库存储位分配优化模型，最小化不同渠道类型货物的存取移动距离，采用原子搜索算法（ASO）等8种智能算法的共同求解，实现多渠道存储位分派优化。

多渠道仓库拣货策略优化问题，以单通道和双通道布局为基础，以拣货订单为目标对象，结合拣货设备的载重容量限制，以设备平均做功量最小为目标，求解最优的订单拣货作业顺序。本书构建了多渠道仓库拣货策略优化模型，采用原子搜索算法（ASO）等8种智能算法共同求解，比较分析各种智能算法在不同数据量等级情况下的求解效果，筛选求解不同通道布局条件下的多渠道仓库拣货策略优化问题性能较好的最佳算法。

本书通过上述三个核心内容的解决来研究多渠道仓配资源一体化配置与运作优化问题，以期通过共同选址布局、存储空间分配、仓库拣货作业的全面研究，填补多渠道共同仓配一体化问题研究的理论空白，对城市物流配送理论起到了较好的补充作用，并通过对多种算法求解结果的分析，提出有效快速求解仓配资源配置与运作优化的大规模数据量问题的合适算法，提升了模型的实践应用价值。

本书写作过程历时2年，从整理文献资料、分析数据模型到最后成书，得到了多方帮助。本书的出版经费得到常州工学院物流管理国家一流专业建设项目（编号：31820321030）支持，在此特别感谢笔者所在单位常州工学院的领导与同事在本书出版过程中提供的帮助。同时，也非常感谢家人、朋友的包容和理解，他们帮我分担撰写过程中的苦恼与压力，开导鼓励我坚持完成书稿，因此才有了今天的付梓出版。由于受时间、资料、本人水平及其他条件限制，书中难免存在一些不足之处，恳请同行专家和各位读者批评指正。

胡碧琴

2022 年 10 月

CONTENTS

目　录

第1章 绪　　论

1.1　研究背景

随着城市交通的日益拥堵，城市配送的人力成本不断提升，物流配送已成为制约物流业整体运作效率和运营成本的瓶颈问题。参与物流配送运行的各方积极寻求协作，希望有效利用与整合现有的配送资源，提高配送效率并降低各方的配送成本。传统配送的多渠道模式（门店配送、快递包裹配送、商超配送、外卖餐饮配送等）将逐步呈现融合化的特征，[①] 边界将逐渐模糊化。仓配一体化的不断深入以及各种渠道融合带来的配送范式将会为现有物流配送的渠道结构带来革命性的变化。

1.1.1　物流配送企业间的末端共同配送

物流配送企业间的末端配送环节大概占到其整个物流成本的30%以上，[②] 同时，随着北京、上海、深圳等大城市对配送车辆管控越来越严，特别是以传统配送车为主的快递配送方式不断受到交通政策的挤压，在各地方政府的交规边缘艰难运行，而以正规方式出现的持证配送车辆在城市又受到高额停车装卸费、车辆进城通行证指标稀缺等影响，各物流企业间的大量交叉配送、人员重叠也造成了物流企业成本增高。不断高企的

---

①　马文君. 城市共同配送发展路径探析 [J]. 中国市场，2017（22）：146 – 150.
②　陆缘缘. 末端快递配送路径优化系统的设计与实现 [D]. 南京：南京邮电大学，2021：1 – 77.

城市末端配送成本、各方物流配送企业捉襟见肘的城市运力资源，催生了物流配送企业间共同开展末端配送的需求。例如，北京市"城市100"以C2C 快递和 B2C 配送为基础，立足于社区、高校，以门店为载体，以"共同配送"为核心，为上下游供应商（物流快递企业）、服务商（便利店、电视购物、网络购物）提供北京全境当日达、次日达业务，平均日配送量接近30000 单，通过有效整合物流末端资源，显著降低了物流成本，提高了运营效率，有效提高了各物流快递企业内部的合作水平，减少了重复交叉配送。①

在偏远的乡镇农村区域，虽不存在车辆拥挤问题，但大量运力和人力浪费的问题却凸显出来，农村末端物流往往出现单量少、配送成本居高不下的问题，很多物流公司的下乡配送车辆大量空载、少载，派送人员多，业务量少，导致许多物流公司在农村的配送业务不是运价奇高，就是亏本维持运营，各家物流公司迫切需要形成一个农村偏远地区的共同配送体，通过共享运力资源，降低物流企业的末端配送成本。例如，江苏徐州沛县已经实现了 5 家快递企业共同配送，并将成本降低了三成，该县统一配送公司由中邮速递、申通、韵达、天天、百世 5 家企业按比例出资成立，开展这 5 家快递企业在该区域内的配送业务。该配送公司负责人表示，原来各家快递企业到敬安镇的运输车辆在 10 辆左右，现在仅需要 4 辆，1 万件的投递任务只需 5 个人就能完成派送，原来每家公司的每日揽收量在2000 件左右，现在是 1 万件，大大提高了效率。②

1.1.2 新零售风潮下的多渠道末端共同配送

新零售风潮对物流配送的时效性提出了更高的要求，小时达、当日达、次日达的服务要求已屡见不鲜，融合线上与线下的新零售模式迫切需要高效的物流配送体系作为支撑。虽然销售的渠道不同，但商品的本质属性是类似的，以前线上的销售多对城市周边仓库进行配送，线下的销售多以门店为载体通过城市商超配送。随着新零售的发展，线上销售

---

① 刘凯朋. 考虑网点共用的网购物流城市共同配送双层路径优化研究 [D]. 重庆：重庆大学，2017：1 – 88.

② 黄竹岩. 徐州沛县初步建成城乡物流高效配送体系 [N]. 徐州日报，2018 – 04 – 23.

可以转化为线下门店取货，线下销售也可以转化为快递直配到家，因此，出现了新零售下多渠道模式的共同配送需求。例如，菜鸟网络旗下的城市共同配送企业喵递，深度整合了万象、昇邦、东骏、芝麻开门和黄马甲这几家配送公司，在原先仓储+落地配的模式下①进一步深化开展"共同配送"。

线下商超门店作为社区服务的末梢点可以有效承担快递仓的功能，商超门店既可以与快递柜模式结合完成末端快递存取的服务，也可以与区域即时物流配送网络结合完成门到门的服务。正是由于线下商超门店与线上销售店铺存在大量客户的重合，快递配送与商超配送出现了融合的空间，因此，出现了商超+快递仓前置的新末端共同配送模式。借助分布式算法和智能技术，把便利店和快递点改造成新零售前置仓，打通线上和线下，使同城物流的即时配送实现了分钟达。例如，顺丰开创了"快递+便利店"的新模式，与各大连锁便利店合作，提供社区代收点服务，同时在2017年搭建完成全国范围内第三方直营的即时物流配送网络，组建100+人专项研发团队，使顺丰同城系统产品不断迭代升级，以对接不同的消费场景。通过和知名的快餐连锁企业肯德基合作，顺丰可以实现96%的订单在30分钟内送达。

1.1.3 仓配一体化的深度融合发展新方向

在现有的仓储配送服务活动中，越来越多的配送企业将仓储及特色增值服务作为服务链的延伸，而越来越多的仓储企业则将配送作为核心业务的延伸，都试图通过仓配一体化增强其核心竞争力，特别是城市共同配送业务，仓配一体化可在共同配送的基础上共享仓储资源，较大幅度地降低仓配总成本，并通过一体化的运作提高效率。

随着配送渠道的边界模糊化、融合化，共同仓储在渠道融合过程中有效发挥了多渠道货物集合分拨的功能。同品类不同渠道的货品实现共同仓储，可有效降低库存成本和人工费用，提高订单响应速度，减少了重复配

---

① 菜鸟将天猫超市、天猫生鲜等自营产品的物流服务交给几家落地配企业，依托于菜鸟全国各地的仓储网络，四家落地配企业负责将电商包裹从城市周边仓库配送到市内C端用户。

送，也大大节省了运力资源。

1.2　研究意义与目的

开展多渠道仓配资源共同布局与运作优化研究，在理论层面可以填补现有共同配送问题的空白，为现有的城市配送问题做拓展和延伸，在实践层面可以优化现有的仓储资源布局和配送计划决策方案，提高仓配一体化的运作效率，降低仓配整体的运作成本。

1.2.1　理论意义

本书研究了多渠道仓配资源一体化配置与运作优化问题，包括：从仓配一体化角度对多渠道仓储资源布局进行配置优化；根据多渠道出入库频率特点，同时考虑货架稳定性和存储平衡性，对多渠道共同仓储的存储位分配进行深入研究；对不同货道条件下的拣货策略优化问题进行研究。这些研究填补了多渠道共同仓配一体化问题研究的理论空白，为城市物流配送理论起到了较好的补充作用。

1.2.2　实践意义

物流配送的渠道边界不断融合发展将是一大趋势。本书以各种配送方式间的资源共享、仓储设备共用等物流发展的新思路为切入点，研究了多渠道仓配资源一体化配置与运作优化问题。这一研究活动可以为城市多渠道共同配送的应用提供切实可行的决策方案，具有较强的实践应用价值。

1.3　研究内容和框架体系

多渠道仓配资源布局与运作优化研究主要是依次解决多渠道仓配一

体化选址布局问题、多渠道存储位分配和拣货策略联合优化问题（具体见图1-1）。以共同仓储、共同配送、考虑时间窗为切入点逐步解决多渠道仓配一体化选址布局问题，以货架稳定性和存储平衡性为切入点逐步解决多渠道存储位分配，以不同的货道布局为基础求解拣货策略联合优化问题，通过建立混合整数规划模型、非线性规划模型、0-1整数规划模型等数学模型，经多种算法比较多种数据规模情况下的求解性能效果后，分别挑选出求解效果最佳的松鼠算法（SSA）、原子搜索算法（ASO），作为解决多渠道仓配资源一体化配置与运作优化问题的合适算法。

1.3.1 多渠道仓配资源一体化选址布局问题

1. 共同仓储分渠道配送选址布局问题

该问题是一个混合整数规划问题，以多渠道商品的共同仓储为出发点，基于不同渠道商品对仓储单位使用率不同，以配送点与不同候选点间的距离、各个配送点的需求种类和数量为基础数据，根据候选地点的不同建设或租金成本，以运输成本和仓储成本的总成本最小为优化目标，寻优最小成本的候选点建仓或租仓方案以及配送路径方案。拟采用松鼠算法、鸡群算法（CSO）、狼群算法（WPA）、改进粒子群算法（APSO）、改进遗传算法（AGA）进行模型求解，并依次以20级、40级、60级、80级、100级进行阶梯式求解测试，分析各种智能算法在不同数据量等级情况下的求解效果。此外，还将求解得到的结果与传统的分类仓储分渠道配送进行比较，分析多渠道共同仓储的优劣势。

2. 共同仓储多渠道共同配送选址布局问题

该问题是一个混合整数规划问题，以多渠道商品的共同仓储和共同配送为出发点，将不同仓储要求、不同配送要求的商品进行共同仓配一体化研究，以共同一体化仓配的总成本最小为优化目标，以不同候选点的不同建仓或租仓容量、配送点需求量、车辆的装载量为限制，求解总成本最小的仓库选址点、配送路径、装载计划方案。拟采用松鼠算法、鸡群算法、

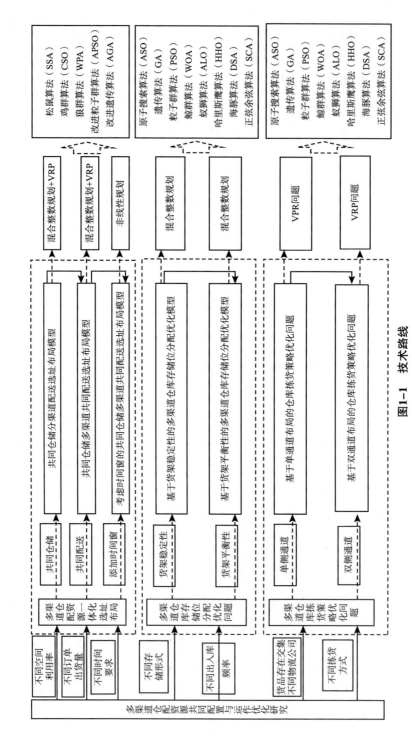

图1-1　技术路线

资料来源：笔者自绘。

狼群算法、改进粒子群算法、改进遗传算法进行模型求解，并分析各种智能算法在不同数据量等级情况下的求解效果，将得到的结果与共同仓储分渠道配送进行比较，分析不同配送方式的成本差异。

3. 考虑时间窗的共同仓储多渠道共同配送选址布局问题

该问题是一个非线性规划问题，在实际的城市仓配活动中，收货的时间要求是一个重要的物流服务指标，为了使模型更加符合实际仓配情况，将订单的时间窗要求加入共同仓储多渠道共同配送模型中，求解在时间窗限制的情况下仓配资源的选址布局问题。该模型是带时间窗的车辆路径优化（VRP）问题与选址问题的混合，以不同候选点的不同建仓或租仓容量、配送点需求量、车辆的装载量、接货时间段为约束条件，求解总成本最小的仓库选址点、配送路径、装载计划方案。拟采用松鼠算法、鸡群算法、狼群算法、改进粒子群算法、改进遗传算法进行模型求解，并分析各种智能算法在不同数据量等级情况下的求解效果。

1.3.2 多渠道仓库存储位分配优化问题

在物流仓库选址确定后，选定的物流仓库空间是有限的，如何充分利用有限的物流仓库空间，合理分配存储位，这个微观运作层面的问题将直接关系到物流仓库的经营业绩。从仓库运作管理的安全性和仓库运作的高效性角度，本书研究了基于货架稳定性因素的多渠道仓库存储位分配优化问题和基于货架平衡性因素的多渠道仓库存储位分配优化问题。研究中构建的数学模型是 0 − 1 整数规划问题，采用原子搜索算法、遗传算法（GA）、粒子群算法（PSO）、鲸群算法（WOA）、蚁狮算法（ALO）、正弦余弦算法（SCA）、哈里斯鹰算法（HHO）、海豚算法（DSA）8 种智能算法的共同求解，比较分析这些智能算法在不同数据量等级情况下的求解效果，筛选求解性能较好的最佳算法。

1. 基于货架稳定性的多渠道仓库存储位分配优化问题

针对不同渠道货物的存储形式不同、出货频率不同，考虑到不同渠道货物的存储形式对货架的稳定性有不同影响，不同的出货频率对存储位与出货区域的距离要求不同，将不同渠道货物的存储形式作为货架重心形成的约束条件，满足货架稳定性，最小化不同渠道类型货物的存取移动距离，实现多渠道仓库存储位分派优化。基于货架稳定性的多渠道仓库存储位分配优化问题，是以货架稳定性为约束条件，以仓库运输总距离最小化为目标，求解有限存储位的最优分配方案。

2. 基于货架平衡性的多渠道仓库存储位分配优化问题

在仓储作业过程中，各个货架之间的存放平衡性对仓储作业活动有较大的影响，如果货架之间出现货物集中于几个货架之间的情况，那么在出库作业过程中，仓库作业车辆、设备、人员会大幅集中在这几个货架的通道上，这样就较易造成仓库内部通道中的交通拥堵，影响正常的出库作业效率。因此，在常规的物流仓库存储货物时会尽量把货物分散地、平均地放置于仓库内的货架上，以避免作业时的拥堵，降低整个仓库的货损风险。基于货架平衡性的多渠道仓库存储位分配优化模型，是在考虑货架稳定性的多渠道仓库存储位分配优化模型的基础上，再增加货架平衡性的限制约束，以仓储作业总出库距离最小为目标，求解存储位分配最优方案。

1.3.3　多渠道仓库拣货策略优化问题

基于单通道和双通道布局的仓库拣货策略优化问题，以单通道和双通道布局为基础，以拣货订单为目标对象，结合拣货设备的载重容量限制，以设备平均做功量最小为目标，求解最优的订单拣货作业顺序。模型是车辆路径优化问题，拟采用原子搜索算法、遗传算法、粒子群算法、鲸群算法、蚁狮算法、正弦余弦算法、哈里斯鹰算法、海豚算法8种智能算法的共同求解，比较分析各种智能算法在不同数据量等级情况下的求解效果，筛选求解性能较好的最佳算法。

1. 基于单通道布局的仓库拣货策略优化

在拣货作业过程中，考虑到不同渠道拣货方式不同，不同渠道的货物在拣货时需要根据订单有针对性地拣货，优化拣货顺序。基于单通道布局的仓库存储拣货策略优化问题以单侧通道的拣货订单为目标对象，结合拣货设备的载重容量限制，以设备平均做功量最小为目标，求解最优的拣货作业顺序。单通道布局的货架进行订单拣货作业，从起始点出发挨个到达相应的货位拣货，并只能通过单侧通道前往下一个货位完成货物拣取，最后一个货物取完后沿单侧通道回到终点并最终完成订单任务。

2. 基于双通道布局的仓库拣货策略优化

基于双通道单区布局的仓库存储拣货策略优化问题，以双侧通道单区的拣货订单为目标对象，结合拣货设备的载重容量限制，以设备平均做功量最小为目标，求解最优的拣货作业顺序。它与单通道布局的仓库拣货策略优化问题的区别在于，它可以挑选双侧通道中离下个货位较近的通道进行移动拣货。在这个按单拣货的过程中，随着货物的增加，拣货车（自动或非自动）做功功率逐步加大，而不同的拣货顺序设计，会形成不同的拣货设备平均运行区间做功量。设备的功率与设备的运作成本直接相关，因此，通过优化订单的拣货顺序可以达到降低拣货成本的目的。

1.4 创 新 点

1. 考虑不同渠道特征对仓配资源共同配置的影响

目前的仓配资源布局问题研究较少考虑不同渠道的空间利用率对共同仓储的影响、不同渠道的订单出货量对共同配送的影响，本书构建了多渠道仓配资源共同配置的模型，解决了考虑不同渠道特征的多渠道共同仓储共同配送问题。同时，对分渠道配送与共同配送两种模式进行了比较分析，发现在需求点较大规模的情况下，共同配送具有较好的成本效益，并首次用松鼠算法进行求解。

2. 考虑时间和成本双目标的多渠道共同仓储共同配送模型

在目前的研究中共同仓配的研究多是单一目标优化，成本最小或满足时间窗，较少把两个目标同时进行优化，本书考虑了多渠道配送中不同渠道时间要求不同的特点，在多渠道仓配资源布局优化时添加了时间窗，并通过在目标函数中设置仓配总成本与时间完成效率的反向关系，优化配送路径和合理分配配送车辆资源，达到同时满足时间窗和成本最低的双目标，构建了双目标多渠道的仓配布局优化模型，较好地解决了考虑时间窗的共同仓储多渠道共同配送选址布局问题。

3. 同时考虑出入库频率对多渠道存储位分配的影响

目前对出库和进库操作往往分开进行研究，针对不同渠道货物进出库频率不同，本书在考虑货架稳定性的多渠道仓库存储位分配优化模型的基础上，结合进库作业和出库作业频率对多渠道存储位分配的影响，构建了基于存储平衡性因素的多渠道仓库存储位分配优化模型，既满足了仓库的作业距离最短又实现了各货架之间存储平衡性的要求，具有较好的创新性。

4. 基于不同货架通道结构，以做功最小为目标的拣货优化

现有的研究中，仓库的拣货作业多以距离最短为目标，鲜少考虑不同拣货顺序对拣货设备成本的影响。本书以拣货设备的做功最小为优化目标，以拣货设备的拣货容量为约束，考虑不同货架通道结构条件下仓库作业过程中的拣货路径选择问题，并首次采用原子搜索算法进行求解，实现了较好的求解效果。

第2章 文 献 综 述

2.1 多渠道共同仓配资源一体化选址布局问题研究现状

目前已有大量关于仓库选址和配送路线设计的文献，但对于仓库选址和配送路线的联合优化研究较少。

2.1.1 物流共同配送的仓库选址问题研究

起初推行共同配送模式的出发点在于提高效率、降低成本，由有共同配送需求的多方共建总部配送中心，由配送中心为各门店送货。比较成功的案例是日本的7－11便利店，通过执行共同配送大幅减少了配送车辆，不仅配送时间大大缩短，也减轻了对城市交通的压力（Wong et al.，2018），因此，欧美城市很多也建立了共同配送体系，例如德国不来梅市等。中国学者对于"共同配送"的研究起步较晚，张潜（2009）基于动态规划对所构建的共同配送中心选址数学模型进行求解，验证了共同配送方案的优势。卫振林和王颖翀（2014）提出建设一套以第三方物流仓储集成商为核心、连接中小电商企业和快递企业的共同配送模式，提供从网络订单到客户收货乃至退换货的一体化电子商务配送服务，通过协调优化实现物流资源的高效配置，降低电商企业的物流成本。

选址问题最早在确定仓库位置时提出，随着研究的进行，发现选址问题与土地政策、经济因素、交通状况等因素都有复杂的关系（Eckhardt，1977）。常规的选址问题按类型可以分为连续位选址问题和离散位选址问题，其中，离散位选址问题由于给出的待选点位置有限，需要根据限制条件从优选择待选点，不适合用线性方法来求解。一些启发式算法被广泛应用于求解选址问题，包括贪心算法（Feo and Resende，1995）、分支定界法（Erlenkotter，1978；Koerkel and Manfred，1989）、模拟退火算法（Alves and Perron，1992）、禁忌搜索算法（Al-Sultan and Al-Fawzan，1999；Michel Laurent and Van Hentenryck，2004）、遗传算法（Kratica et al.，2001）、平行局部搜索算法（Tunchan Cura，2010）。从各种算法求解效果来看，遗传算法和禁忌搜索算法应用得较为成功，用简易禁忌算法来求解无容量限制的仓库选址问题，是解决该问题最有效的计算方法之一。

物流共同配送的仓库选址问题，要根据共同配送的模式特点，结合离散位选址问题，综合考虑多方的配送需求、共同配送路线、区域交通情况、土地资源等因素，目前研究中多数将选址和配送作为问题的两个阶段分别进行优化求解（Awasthi et al.，2011；王启光，2017）。有学者在综合考虑经济、环境以及可持续性等因素后，提出了一种新的混合模糊多准则决策方法，并通过一个实证选址和敏感性分析研究，说明该方法的有效性和鲁棒性（He et al.，2017）。吴诗雨（2018）研究了物流快递企业在城市共同配送活动中的仓库选址和运营模式问题，提出新配送网络的节点选址和联合配送网络模式构建两步法来提高运作效率；通过算例分析，用遗传算法求解模型，发现共设集中配送中心和开展联合配送可以较好地降低仓储成本、车辆运输成本，提高车辆载重效率。

2.1.2 共同配送的车辆路径优化问题研究

车辆路径优化问题是一个经典的传统运筹学问题，最早是由丹齐格和拉姆泽（Dantzig and Ramser，1959）首先提出：车辆从配送中心开始，依照设计的路径依次为客户提供服务，最终完成路径上所有点的服务后返回配送中心。国内外众多学者对车辆路径优化问题进行过深入的研究（Ghiani and Improta，2000；Manzini and Bindi，2009；Perboli et al.，2011；Jepsen et al.，2013；Baldacci et al.，2013）。同时，在经典的车辆路径优化问题上，很多学者结合实际问题的应用场景，对添加不同场景和限制条件的车辆路径优化问题也进行了研究。有学者研究了区域配送中心、中转站、最终顾客形成的多层车辆路径优化问题（Lin Zhou et al.，2018）；有学者考虑了随机需求循环订单情况下的车辆路径优化问题（Goodson，2015）；有学者研究了带时间窗的车辆路径优化问题（Spliet，2018）。

在经典车辆路径优化问题的基础上，部分学者针对共同配送物流模式，对共同配送模式下的车辆路径问题进行了深入研究。刘凯朋（2017）首先对网购物流的城市配送现状进行了分析，发现独立配送模式存在不经济现象，提出采用车辆和网点资源共用实施共同配送来解决问题，以中转站共用为基础，在多层车辆路径优化问题基础上建立了考虑中转站共用的城市共同配送单层和双层路径优化模型，设计了混合算法（节约算法和遗传算法的混合）进行求解，并比较了混合算法与遗传算法的求解性能。葛显龙和薛桂琴（2019）提出"多对多"的网络化联合配送模式下的车辆路径运输问题，研究了联合配送的城市物流配送路径优化问题。

对于车辆路径优化问题的求解方法，目前多采用智能算法来求解近似最优解：有学者用模拟退火算法求解（Wei et al.，2018）；有学者用遗传算法求解（Rieck et al.，2014）；有学者用贪心算法求解（Nguyen et al.，2012）；有学者提出用遗传算法加局部搜索的方法（Ahmadizar et al.，2015；Vidal et al.，2012）；有学者采用模拟退火启发式算法求解混合车辆路径优化问题（Yu et al.，2010）；崔雪丽（2004）提出蚁群搜索算法快速求解车辆路径规划问题；凯莉西等（Kalayci et al.，2016）设计了基于蚁群算法的可变邻域搜索算法，求解同时取货配送车辆路径问题；李进等（2015）设计了改进的多目标粒子群优化算法，求解时变网络下考虑碳排放的车辆路径优化问题。

2.1.3 多渠道共同仓配一体化选址布局问题研究

1. 仓配一体化的选址和路径优化研究

在仓储和配送一体化优化的文献中，仓储选址问题是一个混合整数规划问题，而配送路径问题是车辆路径优化问题，因此将这两个问题结合起来，是一个 NP 难题。[①] 陈莹珍等（2016）研究区域直接合作配送的仓库选址问题，考虑不同区域的不同优先级。他们以北京北部的仓储地点为例，以运输时间为约束条件，但他们提出的模式是以应急救援为目标，这与传统商业性的仓储和配送的一体化整合选址问题不同（Klose and Drexl，2005；Garcia and You，2015）。传统的仓库位置和分布问题一般通过拆卸成两阶段方法解决（Wutthisirisart et al.，2015；Farahani et al.，2013；Bravo and Vidal，2013），或者在仓库选址时考虑生产地、库存水平和分销渠道的影响，但大多不是共同优化。目前建立的仓库位置模型多是基于单渠道流通方式下的运费或服务水平提出仓库位置的选择（Braulio et al.，2018，Manzini and Bindi，2009），从仓配一体化角度开展研究的较少。

2. 多渠道共同仓配模式特点问题研究

多渠道就是流通的结构和模式不同，例如线上渠道的物流需求为小件高频模式，线下店铺的物流需求为大件低频模式。线上渠道与线下渠道的联合仓储，可以减少同一产品的库存，实现两种模式的联合仓储和配送，但需要重新设计配送网络，并根据多渠道仓配的特点，合理选择仓库位置和优化配送路径。目前多渠道共同仓配一体化布局研究内容文献较少。有学者认为多渠道物流效率比单渠道更高，并建立了生产能力规划和调度决策的两阶段模式决策机制（Xie et al.，2014）。有学者提出了一个分析多渠道分销系统的模型，并利用两个零售商的联合分销系统来寻找一种低成本的产品交付方式（Alptekinoglu and Tang，2005）。巴勒特等（Barratt et al.，2018）讨论了多渠道订单、基于商店或基于仓库的分销系统的服务方式，在空间受限的情况下，专业的订单拣货员和普通客户在基于商店的模型中会相互影响，因此需要寻求合作的工作策略。

3. 多渠道仓配一体化选址布局的算法研究

相关文献表明，解决仓储选址或配送路径问题的方法有很多，包括贪

---

① NP 难题：英文全称是 Non-deterministic Polynomial，即多项式复杂程度的非确定性问题。

婪启发式（Daskin，1996）、分支和定界算法（Erlenkotter，1978，Koerkel，1989）、模拟退火法（Kirkpatrick et al.，1983；Alves and Perron，1992）、拓扑搜索方法（Al-Sultan and Al-Fawzan，1999；Michel Laurent and Van Hentenryck，2004）、遗传算法（Kratica et al.，2001）、粒子群优化（Eberhart and Kennedy，1995；Civicioglu and Besdok，2013；Yan et al.，2017）和狼群优化算法（Mirjalili et al.，2014），但对于仓储配送一体化优化问题，在较短的时间内，几乎没有非常有效的近似最优算法。松鼠搜索算法是一种受松鼠动态觅食行为启发而提出的新算法，与现有算法相比，在大数据实验中，该算法具有更精确的解，收敛速度快（Jain et al.，2019），但尚未应用于仓储配送优化问题。

2.2　多渠道仓库存储位分配问题研究

物流仓库的存储空间是有限的，在宏观布局层面的仓库选址工作完成后，仓库的基本空间结构就已经成型，那么仓库对应的存储空间就基本确定了，如何利用有限的物流仓库存储位空间，这个微观运作层面的问题将直接关系着物流仓库的经营业绩，同样的存储位，在不同的分配方案作用下形成不同的空间利用率和物流利润水平。

存储位分配问题是在已有的存储空间中合理分配各货物的存储位置，使其在后续被拣货或补货过程中能高效地完成出入库工作，降低仓库作业成本，顺利完成仓库业务活动。在制订分配方案的考虑因素中，出入库作业的流畅性、货架的安全性、存取距离、仓库运作效率、仓库运作利润等，都可以作为仓库存储位分配问题的考虑因素，目前对物流仓库存储位分配问题的研究也主要围绕这些因素展开，进而研究制定更为有效和实用的分配方案。从理论上讲，用枚举法可以求出每次拣货的最短平均行程的最佳解，但在实际中，物流中心可能拥有数万个库存单位，计算需要耗费大量时间，无法经济快速地解决问题，因此开发了搜索多种存储位置分配策略（SLAS）的算法。

2.2.1 结合仓库布局的存储位分配问题研究

在既定仓储空间条件下，存储位优化的限制条件更为苛刻。有学者提出，能否在仓库布局之初就提前考虑存储位分配的运作需求，这样在后续存储位分配时能更贴近全局最优。目前的仓库布局问题可分为单排布局、多排布局、环路布局、开放式布局或多层布局（Yang et al.，2005）。（1）在单排布局问题中，设施沿线路布置（Djellab and Gourgand；Ficko et al.，2004）类似于运筹学中的物料切管问题，相对容易求解。（2）多排布局问题涉及多排设施的位置行列关系变换，特别是连续位置的布局问题求解困难（Arnaout，2018；Aiello and Enea，2006；Mohamadghasemi and Hadi Vencheh，2012；Benabes et al.，2013；Derhami et al.，2019；Zhang et al.，2017；Azevedo et al.，2017），各排各列之间又有相互作业关系，有物料进出运输活动（Chen et al.，2001；Ficko et al.，2004；Kim et al.，2000）。（3）环路布局问题涉及在循环网络中布置设施，材料或零件沿一个环形方向流动，多见于物流分拣中心、汽车制造厂区等布局问题（Cheng et al.，1996；Azadeh et al.，2013；Medina Herrera et al.，2014；Kulturel-Konak and Konak，2015）。（4）在开放式布置问题中，设施需要采用适应性布置，类似于复杂背包问题，结合不同的空间布局设计，求解难度高（Yang et al.，2005；Mittwollen et al.，2012；Wu et al.，2016；蒋美仙等，2013）。（5）多层布局问题涉及多个楼层的设施布置，需要确定每个设施的楼层和平面布置才能综合得出最优布局方案（Bozer et al.，1994；Lee et al.，2005；Hathhorn et al.，2013；Lee，2015；Semih et al.，2004；Zhang et al.，2002）。

结合仓库布局的存储位分配问题，有学者分析了直线型和"U"型两种类型仓库，以总运输距离最小为目标，将仓储的各类型物品的存放进行了划分，以达到提高交货速度、提高出货响应的目的。但目前的研究中，多以固定存储位为基础，单纯从完成作业的角度出发，所以提出的分配策略只适用于具体研究仓库，不具有普遍应用价值（Cakmak et al.，2012）。也有学者针对自动化立体仓库的工作效率和安全性要求，以出入库作业时间、整体货架的重心和相关产品的相对积累程度为多目标函数，建立了多目标货位分配优化的数学模型，提出了多种群遗传算法，求解货位分配优化的数学模型；同时根据货位分配方案，建立了 FlexSim 动态仿真模型。仿真结果显示，多种群遗传算法的结果更为合理有效，为货位分配优化和出入库动态仿真提供了一种有效的方法（Jiao et al.，2018）。

2.2.2 考虑货品相关性、重要性等因素的存储位分配问题

物流仓库作业时经常会遇到一个问题，就是几种货品经常会被一同安排出库，货物与货物之间有不同的相关性，因此，在多数的存储位分配过程中会考虑货物之间的相关性，有学者针对这个问题为其制定了相关的分配策略，经常一起挑选的 SKU① 应该在仓库中彼此相邻分配，以便在更短的时间内挑选得更多（Frazelle，1989）。有学者根据存储位分配过程中的货品相关性关系，针对多目标优化问题，考虑库存单元间的相关性，提出了相关存储分配策略的多目标进化算法。目标一是时间最短，目标二是能量消耗最少，并设计了多目标插入和交换算法，通过 skip 方法进一步改进。然后，在 Matlab 中建立了具有四种路径策略的单块仓库模型，运用算法进行了实验。结果表明，与全周转策略相比，相关存储分配策略可以提高多个目标（Zhang，2016）。还有学者将要存储的货品进行分类，以 A、B、C 类存储为基础，将货物重要性或价值进行级别划分后，以货位移动距离最短为目标，分配货位的存储区域（Rao et al.，2014）。

2.2.3 多渠道存储位分配问题研究

目前国内对多渠道共同仓储的研究尚不多，同一渠道多用户共享仓储资源的研究较多。多渠道共同仓储的复杂性在于内部布局没有单一固定模式，多为连续型布局问题。由于问题的连续型特征，一般问题涉及的数据量也较大，其求解算法多为智能算法，如粒子群算法、遗传算法等，或者更为先进、求解能力更强的狼群算法、松鼠算法等，以期获得较好的寻优能力（Yener and Yazgan，2019；Chen and Chen，2007）。

多渠道仓储运作优化主要是内部不同货品间的存储位分配整合优化问

---

① SKU 指库存计量的基本单元，可以以件、盒、托盘等为单位。

题，多渠道间，不仅存在不同货品之间的相关性，还存在不同渠道货品之间的同车配送相关性，有时还存在整包与分包的相关性，较为复杂。目前考虑多渠道货品相关性的存储位分派和拣货策略共同优化研究较少，可参考的主要是基于共同仓储的相关性存储位分配问题研究（Bollapragada et al.，1998，Wutthisirisart et al.，2015）。

2.3　多渠道仓库拣货策略优化问题研究

2.3.1　与仓库布局、存储位分配相关的拣货策略问题研究

仓库布局定义了仓库的数量和位置以及通道特征。本书讨论了具有宽过道和窄过道的单仓库和多个仓库。例如，在过道狭窄的仓库中，拣货员可以从过道两侧拣货，而不必穿过过道，而在过道较宽的仓库中，从过道两侧拣货使穿过过道成为必要，从而增加了行程距离。如果仓库使用低层货架，则可以直接从货架上挑选物品，而无须垂直移动，而对于高层货架，也可能需要垂直移动。前者通常被称为低层拣货，后者被称为高层拣货。有学者介绍了一种基于平行通道结构的仓库拣货（SRSB）中，采用"S"形路径法选择订单批处理模型。宽过道系统中的拣货员更喜欢"S"形路线，在最后一个过道处掉头以缩短行程距离。虽然"U"形转弯改进了操作，但实际上增加了订单批处理的计算复杂性，它在研究中为"S"形路线定义了一个路线集，并从预定义的"S"形路线合成了批次的最佳路线，同时将订单划分为批次。平行结构的仓库拣货的大规模扩展通过识别基于路线选择的松弛批处理模型和该模型的紧下界，获得近似最优解（Hong and Kim，2017）。

有学者研究了在矩形块状结构物流仓库中的拣货问题，提出了一种启发式方法。该启发式算法不仅优于文献中的最新同类算法，而且在改变问题参数方面也具有鲁棒性（Çelik and Süral，2019）。

有研究者提出了两种启发式算法：改进的基于类的启发式算法（MCBH）和基于关联种子的启发式算法（ASBH），利用杂货配送中心的实际数据集验证了所提出方法的有效性（Ming Huang Chiang et al.，2014）。另有学

者提出新的集成存储和订单挑选系统的分析模型，利用矩阵几何方法求解排队模型，根据不同订单拣货效果研究拣货缓冲区的大小（Tappia et al.，2019）。

2.3.2 与订单和客户满意度相关的拣货策略问题研究

有学者认为各订单和存储单元之间是有协作关系的，集成拣货单计划问题可以使仓库经理更有效地组织拣货单操作，提出以提高订单拣货效率为目标，考虑了订单到期时间、拣货设备的有限可用性以及高层存储位置，将订单的拣货顺序和拣货路径进行优化，并给出一个迭代局部搜索算法来解决一个实际案例以说明模型的有效性（Teun Van Gils et al.，2019）。

有学者认为客户是仓库服务的核心，仓库服务表现不佳可能会导致高成本和客户需求得不到满足。为了设计高效的订单拣选系统和改善客户服务，管理者可以从组合订单中受益。将多订单拣选问题结合起来会带来巨大的效率效益。为了解决这一问题，需要通过解决广泛的拣货计划问题来优化订单拣选操作，顺序优化订单拣选计划问题可能会产生次优的总体仓库运作效率。研究拣选设备到存储位的订单拣选计划组合，旨在确定计划问题之间的关系，找到优秀的策略组合，并为如何选择订单组合策略提供指导（Teun van Gils et al.，2018）。

有学者对拣货作业的工作负载与仓库交通流量的协调性进行研究，建立了一个模型来量化阻塞延迟，并开发了一个控制模型来减少订单拣选系统中的阻塞。拣货分批模型具有用于生成批次备选方案的拣货分批约束、用于量化评估交通延迟的计算器，设置了用于逐步将分批结果与阻塞量化联系起来的释放时间更新约束。该模型最大限度地减少了总拣货时间，并在各种实际订单拣选情况下将拣选者利用率从 2% 提高到 9%（Soondo Hong et al.，2016）。

2.3.3 多渠道货品相关性的拣货策略研究

多渠道仓储运作优化主要是内部不同渠道间的拣货策略整合优化问题。针对在一定的时间范围内同渠道类型或不同渠道存储单元的存储订单，有学者将仓库操作建模为在给定开始和结束时间下调度多个独立的任务，目标是使收益最大化。由于存在最大存储上限、订单优先顺序和最大空闲时间等约束，所建立的混合整数规划在现有算法下求解效果不佳。研究者提出了分支定价法来寻找最优调度，计算实验表明，与现有的自存仓库方法相比，该方法能显著提高收益（Zhang et al.，2016）。目前对相关性拣货策略的研究算法以智能算法求解为主，改进遗传算法、粒子群算法应用求解仓储优化问题较多，但现有算法的求解效率和效果还存在很大改进空间。

第3章　仓配资源一体化选址
布局问题的理论分析

3.1　物流仓库资源布局选址问题的理论分析

3.1.1　物流仓库的概念

物流仓库的概念最早出现在 20 世纪 50 年代的文献中，随着贸易量的增长和超大容量设施的使用，针对具有不同名称的类似研究领域创建了不同的方法，如物流仓库、区域仓库、大型中心、配送中心和货运/运输终端。物流仓库可以定义为所有物流活动都在一个点上进行的中心，该点提供多个物流服务。①

3.1.2　物流仓库选址布局的作用

物流仓库的选址布局对城市物流体系有着重要的影响。作为城市物流系统集散货的主要部分。物流仓库在一定程度上也影响着城市物流的整体规划。物流仓库不仅规划物流活动，同时，它们对城市的物流成本和服务水平也有显著影响。因此，这些物流配送仓库设施的位置将决定物流活动的优化方向以及物流成本。由于物流成本是城市/区域经济活动最重要的评估参数之一，因此物流配送仓库选址决策的战略重要性也随之产生。

---

① Fleming, D K, Hayuth, Y. Spatial characteristics of transportation hubs: centrality and intermediacy [J]. Journal of Transport Geography, 1994, 2 (1): 3 – 18.

物流仓库是供应点和需求点之间的联系。供需之间的距离、地理特征、障碍、道路结构、位置，可以表示为空间特征。为了能够做出最优的位置决策，有必要考虑空间特征。否则，就有可能造成投资失误。

3.1.3　物流仓库选址布局的常用方法

目前的物流仓库选址方法应用较多的是空间分析。空间分析的优点是可以通过多个核定标准与地理信息系统（GIS）输出相结合来制定多标准解决方案，在可能的解决方案中选择更为合适的方案。城市地区物流仓库的多设施选址决策问题，会用简化的方式处理复杂选址问题，通过不同分析领域的计算强度，再将其融入决策分析的一般结构模型中。常用的方法包括以下七种。

（1）GIS分析。地理信息系统（GIS）是一种流行的数据分析工具，可用于不同的区位选择研究，它可以将GIS分析方法与模糊决策理论相结合，对地理区位进行更加准确的判断与决策。GIS也常被用作数据源，执行提出的数据操作，对矢量数据集进行分析，提供物流仓库的决策。

（2）空间分析。采用聚类分析来生成聚集区域，以此确定物流设施的密度。但是使用聚类分析，需要分析数据集平面上的特征，为了执行聚类分析和确定密度类别，数据集必须处于聚类结构中。

（3）网络分析。网络分析是一种类型的城市物流流量预测与分析方法，用于推测城市的网络结构。基于GIS的网络分析随着时间的推移扩展了其分析能力，并且能够反映现有交通网络，因此可以对城市的物流情况进行相关推演。在计算中，用直线和点数据反映线段之间的原点、终点和路径，进而获得每个路段的成本。该计算多数采用Dijkstra算法。

（4）线性与非线性整数规划方法。仓库布局选址问题多数是0-1整数规划问题，变量表示仓库地址是否选择，根据目标函数的性质不同，有的是线性整数规划问题，有的是非线性整数规划问题。

（5）动态优化方法。仓库选址布局问题可以分为静态规划问题和动态规划问题，上述的线性与非线性整数规划模型可以解决静态规划问题，对于多周期的仓库选址布局问题，可以考虑构建动态规划模型。这个动态规划涵盖多个计划周期，因为下一期的选址决策必须基于上一期的选址结果，每个计划周期之间相互联系。动态规划方法的优势在于它可以将关键期直接的动态关系进行衔接，并在模型中表示。采用动态规划法能较好地解决动态视角的仓库选址问题。

（6）仿真优化方法。在已有多个较优方案的前提下，对各方案进行仿真建模，来决策实际的仓库选址布局方案。这种仿真优化方式呈现的结果比较直观、具体，容易对方案做出更加精确的评估。它的劣势在于仿真不具备优化属性，只能对已有的备选方案进行评估，提出的改进策略也不具备优化属性，多数是流量平衡性、工作流畅性等方面的改进意见。这种情况下，仿真最好与智能优化算法相结合，先用智能算法求解到较优解，其次才再用仿真求解。

（7）智能算法。仓库选址布局的常见模型基本上都可以用智能算法求解，其优势在于能找到较为理想的解。它的劣势在于，很难界定其求出的较优解与最优解之间的差距有多少，只能通过算例的求解验证。

3.1.4　物流仓库选址布局问题的拓展研究方向

1. 冷链物流仓库选址布局问题

冷链物流仓库选址布局问题的难点在于：不同的新鲜产品分布需要不同的温度控制条件。因此，在冷链物流仓库建设或租赁初期，就以优化生鲜产品物流配送网络为目标，选出合适的冷链物流仓库位置，并以冷链物流仓库为中心，设计合理的协作机制来协调冷链配送车队。

根据研究中冷链物流仓库数量的多少，冷链物流仓库选址布局问题可分为单中心冷链物流仓库选址布局问题和多中心冷链物流仓库选址布局问题。

单中心冷链物流仓库选址布局需要考虑的影响因素主要有：仓库的位置，仓库的各温度区域面积，仓库的温控成本，仓库的租赁或建设成本，仓库周边的交通情况，仓库周边的客户分布情况，客户的订单频率、订单量、订单周期等需求数据等。

多中心冷链物流仓库选址布局时，不仅要考虑上述影响因素，还要考虑各个中心冷链物流仓库之间的生鲜冷链产品调拨，且多中心冷链物流仓库选址时需要对整个区域的冷链服务需求客户进行分配。这种提前的客户分配引发了多中心冷链物流仓库出现二阶段形式的求解思路：第一阶段，采用聚类分析或者客户资源优化配置的方法将需要冷链服务的客户进行分配；第二阶段，根据每个冷链物流仓库对应客户群的位置选择冷链物流仓库的租用或建设位置。但两阶段求解会出现一个问题：冷链物流仓库的租用或建设选择的位置会反向影响对冷链物流客户的分类，也就是第一阶段客户的分配结果与第二阶段冷链物流仓库的选址结果之间存在着交互影响的关系。

冷链物流调用的车辆基本都是带有温控条件的冷藏/冷冻车辆，在实际冷链作业过程中，由于车辆有限，往往一辆车承担着多个物流冷链仓库的配送工作，冷链车队对物流仓库位置的决策具有较强的影响力。因此，在冷链物流仓库进行选址布局时，有时也会同时加入冷链物流车场的选址或分配。这样，考虑冷链物流车场因素的物流仓库选址布局问题就转化为了选址布局与配送车场布局的混合问题。配送车场布局问题是车辆配送路径优化问题中一个重要的研究内容，在这里我们仅对选址布局层面的配送车场布局问题进行简要描述。考虑冷链物流车场因素的物流仓库选址布局问题主要需要优化决策的变量有三个：车场位置决策 $0-1$ 变量、仓库位置决策 $0-1$ 变量、车场与仓库匹配的混合决策 $0-1$ 变量。从优化决策变量来看，这是一个典型的混合整数规划问题。问题的约束有车场的容量、仓库的面积、不同温控区的容量、车辆类型、车辆可载重空间等，问题的目标函数是总物流运营成本或冷链物流配送网络中使用的冷藏车数量最少。

接下来是多中心冷链物流仓库之间的资源共享与协作。通常，第三方冷链物流服务提供商（LSP）或协作联盟成员负责协调协作中的物流仓库设施，并为联盟成员制定适当的协作策略。这种协同合作的目标是有效降低总成本，改善分销，提高新鲜产品的效率，减少运输过程中因产品腐烂而造成的损失。新鲜产品的各中心可以通过协作优化网络框架，主要的约束是可共享的冷链物流仓储资源约束和温度控制约束。这是一个双目标混合整数线性模型，以最小化总物流成本和调用的冷藏车数量最小为目标，然后采用客户聚类程序将客户分配到不同的物流仓库。

2. 绿色物流仓库选址布局问题

目前绿色仓库选址布局问题考虑比较多的一是仓储活动过程中产生的绿色环保问题，二是选址布局界定范围内的配送服务所涉及的绿色环保问题。

绿色物流仓库选址的目标是降低仓储配送活动过程中的能源消耗和碳排放，并考虑相应物流仓库选址方案的社会与环境影响。目标函数可以按满足绿色标准、效率目标、经济目标（如旅行成本、车站安装成本、燃料/充电成本）、环境目标（如燃料消耗、排放和环境影响）和社会目标（如满意度、服务水平、旅行风险和责任）进行分类。约束条件是车场的容量、仓库的面积、不同存储区的容量、车辆类型、车辆可载重空间等。

根据绿色的目标不同，绿色物流仓库选址布局问题可以分为单目标绿色物流仓库选址布局问题和多目标绿色物流仓库选址布局问题。前者的目标函数只有一个，可以是碳排放也可以是其他能耗目标，比如考虑碳排放的绿色物流仓库选址布局问题、考虑能源节约的绿色物流仓库选址布局问题、考虑环境影响的绿色物流仓库选址布局问题。后者是指目标函数有 2 个及以上，一般会同时满足绿色指标和成本指标，比如碳排放和成本最小化的绿色物流仓库选址布局问题、平衡客户满意度和能耗最小化双目标的绿色物流仓库选址布局问题等。在求解过程中，单目标的绿色物流仓库选址布局问题往往是非线性规划问题，一般采用智能算法求解。多目标的绿色物流仓库选址布局问题首先需要将目标函数进行转化，例如对平衡客户满意度和能耗最小化双目标的绿色物流仓库选址布局问题，先采用客户满意度目标函数反向挂钩能耗最小化目标的方式，再设计智能算法求解。

绿色物流仓库选址布局问题的难点在于绿色化目标的模型体现和非线性规划问题的求解。选用哪些绿色化目标（是单一因素目标还是综合性环保评价目标）会极大地影响物流仓库选址布局问题的最优求解方案。对于企业来说，绿色化目标虽然在一定程度上降低了企业的损耗，但多数情况下会无形中提高物流企业的运作成本，那么绿色环保目标与物流企业经济效益之间保持怎样的平衡是合适的，具体的量化联系又如何，这些都是在解决绿色物流仓库选址布局问题的难点。一般情况下，由于碳排放和能耗与物流活动之间存在非线性函数关系，因此最后的绿色物流仓库选址布局问题也是非线性规划问题。众所周知，非线性规划问题很难求解到全局最优解，也没有精确算法可以求解，多数的非线性规划问题采用智能算法求解，那么智能算法的求解性能直接决定了绿色物流仓库选址布局模型的应用能力，因此，选择和设计合适的智能算法是求解绿色物流仓库选址布局问题的关键之一。

3. 应急物流仓库选址布局问题

随着各种突发意外、自然灾害事件的出现，应急物流受到越来越多学者的关注。应急物流仓库选址问题与常规物流仓库选址布局问题的最大区别在于以下两点。

（1）优化目标不同。应急物流仓库选址问题的优化目标主要是最大限度满足救援与供应应急事件中的物流需求，首先是时效要求，其次才是考虑成本。而常规物流仓库选址布局问题多数考虑的是企业的总成本最小化，在优化过程中也始终以成本为目标。由于应急物流仓库选址问题和常规物流仓库选址问题考虑的出发点不同，虽然在实际操作过程中应急物流仓库与常规物流仓库会出现交集，但最终两者的仓储优化方案也有显著差异。比如前者一般会按货物应急的重要性进行仓储，而后者多数按出货频率或货物创造的服务价值进行仓储。

（2）约束条件不同。应急物流仓库选址问题的约束条件与常规物流仓库选址问题差别较大。前者选址时不仅要考虑交通因素，更为重要的是要考虑到仓库的安全性和稳定性，也就是在地震、战争、疫情等突发事件发生时，这些应急物流仓库能正常运转，助力应对突发事件。因此，应急物流仓库选址时对仓库规格、安全等级、防火等级、通风条件、隐蔽性要求要远高于后者。

按货物品分类，应急物流仓库选址一般分为医疗物品的应急物流仓库选址、食物生鲜物品的应急物流仓库选址、常规物品的应急物流仓库选址；按研究目标分类，可分为单目标应急物流仓库选址和多目标应急物流仓库选址；按状态分类，可分为静态应急物流仓库选址和动态随机应急物流仓库选址。

　　医疗物品的应急物流仓库选址、食物生鲜物品的应急物流仓库选址与常规物品的应急物流仓库选址问题，主要的差别在于不同的货物品类对仓库的功能、容量、存储条件等要求条件都不相同，比如医疗物品的仓储与配送条件，需要满足特定的医疗要求（如血浆、免疫蛋白等运输条件非常苛刻，氧气瓶等医疗化学品的运输又需要满足医疗危化产品的要求）。食品生鲜物品的应急物流仓库选址问题，需要冷链物流条件，相较于对常规物品的应急物流仓库选址，其对仓库的冷藏功能要求较高。

　　单目标应急物流仓库选址问题和多目标应急物流仓库选址问题，两者的主要区别在于求解目标是单一还是多个。前者多以时效性为主要目标，结合其他常规选址约束进行求解；后者多以时间最短与成本最小为双目标。多目标应急物流仓库选址问题求解比较困难，需要进行转化，以实现双目标的共同要求。

　　静态应急物流仓库选址问题和动态随机应急物流仓库选址问题，两者的主要区别在于在应急物流仓库选址决策的场景是静态场景还是动态随机场景。前者考虑的因素基本是确定的，特别是需求端信息确定；而后者主要针对不确定性因素和随机场景。应急物流仓库选址考虑的范围更复杂，采用的研究方法多数是动态优化、仿真等。动态优化考虑多周期的应急物流仓库选址，仿真动态场景则主要用仿真软件构建仓库运作场景，综合考虑应急时效、仓库的流量平衡性和运作流畅性后做出最终决策。

　　4. 全局物流网络规划层面的仓库选址布局问题

　　全局物流网络规划层面的仓库选址布局问题是以物流网络为研究对象，将仓库作为物流网络中的节点进行考量，围绕重点城市，结合城市群发展带来的运输需求，产生不同数量、方向的干线和支线货物流动。① 首先，以重点城市为核心的物流网络规划特点是每日交通量多样化，从最大水平到最小水平不等，同时，大中城市出现的拥堵现象会扰乱全局物流网

---

　　① Wang Y, Peng S, Xu M. Emergency Logistics Network Design based on Space-Time Resource Configuration [J]. Knowledge-Based Systems, 2021 (223): 1 – 20.

络的货物流动。其次，货物流动也会产生其他负面现象，包括空气污染、噪声、振动、道路事故、道路基础设施退化、土地消耗等。因此，物流网络规划涵盖社会经济和环境领域，物流网络管理系统应考虑货物运输的单个参与者、系统用户以及城市和地区行政部门的观点。

全局物流网络体系庞大，关系复杂，规划方案的预测与优化难度较大。目前常用的物流网络评价预测方法有主成分分析法、最大流最小流分析法、熵权法、层次分析法、数据包络分析法等，优化方法则主要依靠智能算法。

3.2　配送车辆路径优化问题的理论分析

车辆路径优化问题是物流配送管理环节的核心问题。由于各种环境的条件各不相同，因此在实践中遇到的目标和限制因素变化很大，目前主要有以下几种衍生构成：带时间窗的车辆路径优化问题（vehicle routing problem with time windows，VRPTW），绿色车辆路径优化问题（green vehicle routing problem，Green-VRP），应急物流车辆路径优化问题（emergency logistics vehicle routing problem，EVRP），随机车辆路径优化问题（stochastic vehicle routing problem，SVRP）等。

3.2.1　带时间窗的车辆路径优化问题

带时间窗的车辆路径问题是在经典车辆路径问题的基础上，增加了配送时间窗口的约束。随着我国城市化进程的不断加速，社会经济的不断发展，大中城市的物流和货流持续激增，这无疑加大了大中城市的交通拥堵，不仅出现了停车难、停车贵、堵车频繁等问题，这些城市病给物流配送业务的发展带来了更多的挑战，比如对配送时间的要求更加严格。因此，在这种背景下，带时间窗的车辆路径问题这个拓展更符合实际物流配送作业情况。在现实的物流作业活动中，车辆路径优化常常是带时间条件的，而不是无任何约束的。

随着研究的不断深入，带时间窗的车辆路径问题成为经典车辆路径问题的一个重要推广。在车辆路径优化问题中，每个客户的服务必须在给定的时间窗口内开始。允许车辆在时间窗开始之前到达并等待客户可用，但禁止在时间窗结束之后到达。带时间窗的车辆路径优化问题在配送管理中有许多应用，常见的例子有饮料和食品递送、报纸递送以及商业和工业废物收集。对这一的研究主要集中在启发式算法上。

为满足配送时间，需要在经典车辆路径问题的基础约束条件下，对配送路线以时间窗为条件进行优化设计。由于路径上的需求点服务时间不同又影响着下一个需求点的到达时间，因此，路径上的需求点配送时间相互关联，这也影响着配送路径的设计。因而，在分派配送车辆时需要考虑不同车辆的配送能力和时效。

带时间窗的车辆路径问题可以根据时间窗的情况分为软时间窗、硬时间窗、软硬时间窗结合三种。在大多数研究中，每个客户都会关联一个硬时间窗口，以指定最早和最新的服务时间。但也有例外，比如将每个客户都与硬时间窗口和软时间窗口相关联，虽然硬时间窗口定义了绝对最早和最晚的可能服务时间，但硬时间窗口内的软时间窗口定义了首选服务时间。当客户在其软时间窗口外接受服务时，会产生罚款成本。因此，软时间窗约束就是根据配送时间窗设置有梯度的惩罚成本，硬时间窗则直接作为配送约束条件，满足条件则选取，不满足则不选取。软时间窗与硬时间窗结合的方式是指：超过一定的延迟时间范围内采用硬时间窗形式，在一定的延迟时间范围内采用软时间窗形式。

带时间窗的车辆路径问题根据优化目标的情况，还可以分为单目标的带时间窗车辆路径问题和多目标的带时间窗车辆路径问题。目前研究中，对于多目标的带时间窗车辆路径问题，常见的模型是在车辆路径问题模型的基础上添加收货时间窗，结合每个需求点的最早服务时间、最迟服务时间以及车辆的行驶时间，寻优配送路径和合理分配配送车辆资源，并使车辆到需求点的到达时间和离开时间尽量符合每个需求点允许收货的时间区间，达到满足时间窗和成本最低的双目标。单目标带时间窗的车辆路径问题，以成本或距离最短为目标函数，将时间窗作为约束之一进行建模求解，得到的结果一般是满足时间窗约束下的成本最低或者距离最短。

带时间窗的车辆路径问题还可以向绿色车辆路径优化、两级车辆路径优化、累积车辆路径优化、仓配一体化车辆路径优化、应急物流车辆路径优化等多个方向进行拓展。

3.2.2 应急物流车辆路径优化问题

应急物流车辆路径优化问题与基础车辆路径优化问题的主要不同点有以下三个方面。

（1）路径优化的目标函数不同。基础车辆路径优化问题是以完成路径线上所有点的配送任务距离最短或成本最低为目标，而应急物流车辆路径优化问题是以优先完成路径线上应急需求点的配送任务距离最短或速度最快为目标，两者的优化对象和优化目标有显著不同。

（2）路径优化的约束条件不同。基础车辆路径优化问题的约束条件往往是车辆装载容量约束、交通路况约束、配送点需求约束等，而应急物流车辆路径优化问题的约束条件是应急点时间窗约束、配送点需求约束，为达到应急救援目标，装载容量约束、交通路况约束放在次级考虑范畴。

（3）优化方案的实行条件不同。基础车辆路径优化问题的优化方案在实际应用过程中的隐患和风险可能是路况等随机事件，会影响最后的配送到达时间和配送效果，但极少会出现配送任务无法完成的情景。而应急物流车辆路径优化问题则会在物流配送过程中因灾害等级、防控措施变化等出现根本无法完成配送任务的情景。

现在学者们提出的研究思路主要也是针对上述3个不同点展开的。比如针对应急物流车辆路径优化问题重点强调时间性；针对路径优化的约束控制，会对应急需求点的应急需求等级进行区分、排序，设置相应的模型约束以优先满足应急需求等级高的点；针对优化方案的实行条件问题，会将应急情况作为问题发生的背景条件。

现在对应急物流车辆路径优化问题的研究主要集中在疫情引起的应急物流配送场景、地震引起的应急物流配送场景、台风引起的应急物流配送场景。

3.2.3　随机车辆路径优化问题

1. 随机车辆路径优化问题

随机车辆路径优化问题是确定性车辆路径优化问题的扩展，其中一些组件是随机的。相对于确定性对应项，随机车辆路径优化问题更难求解。随机车辆路径优化问题的应用出现在许多环境中，例如用污泥处理、仓库叉车路线、银行分行收款以及一般的取送操作。

随机车辆路径优化问题可以在随机规划的背景下求解：计算第一阶段，披露随机变量的数量，并在第二阶段提供追索权或对第一阶段解决方案采取纠正措施。追索权通常会产生成本或节约，在设计第一阶段解决方案时可将其考虑在内。

随机规划中存在两种主要的解决思路。在机会约束规划（CCP）中，第一阶段问题是在约束满足一定概率的条件下求解的，例如，可以施加故障阈值，即计划的车辆路线应以最大等于故障阈值的概率发生故障。这种方法通常忽略了故障的成本。斯图尔特和戈尔登（Stewart and Golden，1983）提出了第一个随机需求车辆路径优化问题的 CCP 公式。他们使用三指标模型表明，概率约束可以转化为确定性等价形式。后来有学者提出了一种类似的双指数模型转换，这种转换的好处是，机会约束随机车辆路径优化问题可以使用确定性情况下可用的任何算法来求解。在有追索权的随机规划中，使用了两组变量：第一阶段变量描述在实现随机变量之前生成的解，第二阶段变量定义追索行为。解决方案的总成本为第一阶段解决方案的成本和追索行动的成本之和，目标是设计一个总成本最低的第一阶段解决方案（Laporte et al.，1989）。

随机车辆路径优化问题通常采用先验优化框架（Bertsimas et al.，1990）或马尔可夫决策过程建模和求解。先验优化计算给定追索权策略下期望成本最小的第一阶段解。最受欢迎的先验优化方法是整数 L 形方法，它与 Benders 分解和连续随机规划的 L 形方法属于同一类。虽然从解决方案成本的角度来看，路线重新优化比先验优化更可取，但它在计算上更加烦琐。

整数 L 形方法本质上是分支和切割的变体，它处理当前问题，通过放宽完整性要求和次目标消除约束，将第一阶段解的追索成本替换为其值的下界。

2. 随机车辆路径优化问题的随机情况

该问题最常见的三种案例包括：（1）随机客户：客户的出现遵循一定的随机概率；（2）随机需求（如待收集）：客户的需求是一个随机变量；（3）随机时间：客户的服务时间和旅行时间是随机变量。

在具有随机客户的车辆路径问题中，每个顶点用概率表示。第一阶段的解决方案包括一组访问车辆段和每个客户一次的车辆路线。然后显示缺席客户集，第二阶段解决方案包括遵循第一阶段路线，同时跳过缺席顶点。

具有随机客户的车辆路径优化问题主要是在单位需求客户的背景下进行研究。车辆遵循第一阶段路线，同时跳过缺席的客户，并在达到容量时返回仓库卸货。随机客户的车辆路径优化问题有两个有趣特性：（1）即使差旅成本是对称的，总体解决方案成本也取决于行驶方向；（2）更大的车辆容量可能会产生更大的解决方案成本。

随机需求车辆路径问题中，客户需求是随机的。

随机客户的车辆路径优化问题的某些特性与随机需求车辆路径问题共通：（1）在最优解中，车辆路线可能相交；（2）在欧几里得问题中，客户不一定按照他们出现在顶点凸包上的顺序访问；（3）当单独考虑时，最优路线的路段不一定是最优的。后一个特性可能对随机需求车辆路径优化问题动态算法的设计产生重大影响。

随机客户和需求的车辆路径优化问题结合了两个难题，客户和需求都是随机状态。现有的研究在解决这个问题时，首先构建访问所有客户的第一阶段解决方案，了解他们的需求。车辆到达客户所在地后，计划中但缺席的客户将被跳过，一旦达到容量，车辆将返回仓库卸货。

随机行程时间的车辆路径问题中，路径的行程时间和顶点的服务时间是随机变量。车辆按照其计划路线行驶，如果路线持续时间超过给定的截止日期，则可能会受到处罚。

随机行程时间的车辆路径优化问题的一个常见版本是，设计一个在截止日期内完成的可能性最大的旅行，主要的解决方法是：基于动态规划和采用启发式算法。动态规划可以尝试求解最优解；启发式方法可以用于惩罚的情况。该方法使用样本平均近似方法，并通过确定性技术对每个实例实现进行优化求解，通过对不同样本重复该方法，可以计算出最优性差距的统计估计。[①]

3.3　仓配资源一体化配置的理论分析

3.3.1　仓配一体化车辆路径问题概述

仓配一体化车辆路径问题是将物流仓库选址问题和车辆路径优化问题共同考虑。在实际的企业配送过程中，物流仓库选址和车辆配送路线安排是两个不同阶段不同层面的问题。前者更倾向于物流网络布局层面，较为宏观，主要是根据企业物流体系和客户市场的需要，选择合适的物流仓库位置和物流仓库规模；后者更倾向于物流基础运作层面，较为微观，是在既定的物流仓库（配送中心）条件下，根据客户和订单情况设计优化车辆配送路径。这两个阶段在目前的研究条件下，多数都是分开进行，并且物流仓库选址问题要明显早于车辆配送路径问题。但把物流仓库选址和配送路径优化分开解决，忽视了一个非常重要的问题，那就是物流仓库的配送路线设计与物流仓库的位置是有直接联系的，物流仓库的位置如果远离配送需求点，那么无论后续在运作环节对配送路线如何进行优化改进，也只能在现有配送中心的基础上进行规划设计。如果物流仓库选址得当，那么在具有位置优势的配送中心辅助下，后续的配送路线优化就有较好的实现条件，能降低企业的物流成本，提高整个物流系统的配送效率。因此，非常有必要在物流仓库选址之初，在物流网络进行顶层设计的时候，就把配送车辆路径优化问题考虑在内，进行统筹优化。

① Leipälä，T. On the solutions of stochastic traveling salesman problems. European Journal of Operational Research，1978（2）：291 – 297.

仓配一体化车辆路径问题是目前物流企业急需解决的一个问题，但普遍都会面临以下问题。

（1）客户信息的不确定。在物流仓库建设选址或者租赁初期，物流配送企业能够获得的客户信息还不够全面，比如物流配送需求量是多少，客户的数量会不会有变化，客户的位置会不会改变等，这些配送需求端的信息不全面就无法对整个运作层面的配送情况有一个明确的分析和把握，给仓配一体化车辆路径问题的解决带来困难。

（2）交通路况信息的不确定。从选址期的时间点来推测运作期的交通路况信息，会增加大量的预测工作，且交通路况经常会出现变化，预测的准确性成为选址期规划者们顾虑的难点。

（3）配送车辆人员信息的不确定。在物流仓库建设选址或者租赁初期，往往还没有对物流仓库配备人员和车辆的数量做详细安排，因此，在这时就进行配送路径的优化，这个问题的解决似乎没有可行条件。

现在研究者们提出的仓配一体化车辆路径问题研究思路主要也是针对上述问题展开的。比如针对配送车辆人员信息的不确定问题，将最佳配送车辆数量和最佳配送人员配备也作为决策变量；针对交通路况信息的不确定问题，将实时车辆路径问题用路线上各点间的经纬度进行近似折算，将不确定约束条件近似转为确定性约束条件；针对客户信息的不确定问题，采用需求量预测或同级别物流仓库类推的方式，对客户信息进行适当补充。

3.3.2　仓配一体化车辆路径问题拓展变形

1. 共同配送视角的变形

仓配一体化车辆路径问题在共同配送视角的变形是将共同仓储选址布局问题和共同配送问题进行融合。研究中会将两个问题作为一个整体进行研究，以成本作为路径和选址问题的联合研究切入点，以总成本最小化为目标，对该混合问题进行优化，得出仓库选址决策、相应的服务需求点和日常配送路线。

该视角的变形还有以下一些假设：（1）仓库候选场地可用面积有限，

不同场地成本不同；（2）不同的产品共同占有仓库作业区面积；（3）仓库与配送点之间的配送路线畅通，配送时间不受限制；（4）来自共同配送的产品不会相互反应，可以一起存储；（5）物流仓库可以有一定数量的卡车，但最佳数量的卡车需要决策；（6）配送方式可以是直接运输，也可以是环线运输。

2. 时间窗视角的变形

在时间窗情况下，配送车辆的行驶速度影响着两点之间的运输时间，进而影响车辆到达需求点的时间，在分派配送车辆时需要考虑不同车辆的配送能力和时效。添加的时间窗约束可分为软时间窗约束、硬时间窗约束软时间窗与硬时间窗约束相结合三种方式。

目前研究中，一般是在仓配一体化车辆路径问题模型的基础上添加需求点收货时间窗，将车辆到达时间是否在约定接收时间内与配送时间完成效率挂钩，寻优配送路径和合理分配车辆资源，达到满足时间窗和成本最低的双目标。

3. 绿色配送视角的变形

这个视角的变形主要是在原仓配一体化车辆路径问题的基础约束条件上，增加碳排放或水电约束，或者直接以碳排放（或能耗）最小化为优化目标。碳排放一般会在两个环节产生，一个是仓储环节，另一个是配送环节，不同的仓库空间会形成不同的仓库能源消耗，不同的配送路径会形成不同的能源消耗排放，比单一的物流仓库选址和车辆路径配送问题更复杂。

目前的研究中，会建立仓库空间与仓库能源碳排放量的关系，会建立配送车辆的载重和行驶距离与碳排放量的关系，并将这些量化关系植入仓配一体化车辆路径问题模型，以碳排放量最小为目标函数进行求解，或者作为成本，与仓储成本、配送成本一起纳入总物流成本，进行优化求解。一般该视角的仓配一体化车辆路径问题多为非线性规划问题，精确算法难以求解，多采用智能算法。

4. 动态视角的变形

该视角的变形是动态物流仓库选址问题与车辆路径问题的结合。动态物流仓库选址问题是在物流仓库选址布局问题的基础上考虑动态周期的影响因素，对这些不确定因素进行估计和考量（如在选址初期就考虑到物流需求的市场波动性、季节性、突发事件、成本波动等动态因素），这有助于进一步控制好配送企业的物流成本。

目前的研究中多是从需求波动的动态周期进行考虑，一般以成本最小化或利润最大化为目标，同时决策最佳物流仓库位置、最佳配送车辆数量、最优配送路径。

5. 两级配送网络视角的变形

该视角的变形是两级物流仓库选址问题与两级车辆路径问题的结合。两级物流仓库选址问题是一级物流仓库与二级物流小仓的选址问题共同进行，一般涉及物流体系两级物流网络的设置。两级物流仓库选址问题的复杂之处在于，物流网络层级的增加导致在选址布局时需要考虑的影响因素更为复杂多样。两级车辆路径问题是干线车辆路径配送问题与支线车辆路径配送问题共同求解，一般涉及两层结构的路径优化问题。

目前的研究多从两级网络之间的联系展开。例如可以先用聚类分析的方式对二级物流仓库的配送区域进行划分，再进行局部仓库的路径优化，或者用路径最优进行求解划分，结合聚类方式可以降低求解量。

第 4 章　仓库存储位分配与拣货
策略问题的理论分析

4.1　仓储活动中的存储位分配问题

物流仓库的存储空间是有限的，在宏观布局层面的仓库选址工作完成后，仓库的基本空间结构就已经成型，仓库对应的存储空间就基本确定了。如何利用有限的物流仓库存储位空间，这个微观运作层面的问题直接关系到物流仓库的经营业绩，同样的存储位，在不同的分配策略作用下空间利用率和物流利润水平不同。在制定分配策略时，出入库作业的流畅性、货架的安全性、存取距离、仓库运作效率、仓库运作利润等，都可以作为仓库存储位分配问题的考虑因素，目前对物流仓库存储位分配问题的研究也主要围绕这些方面展开。①

4.1.1　考虑出入库作业流畅性的存储位分配问题

出入库作业流畅性取决于出入库各时间段的流量平衡，一般以仓库通道的拥堵情况作为衡量指标，拥堵情况越多，整个仓库的出入库作业流畅性就越差；反之，则流畅性越好。因此，很多学者尝试用仿真的方式来模拟物流仓库的出入库作业流程。出入库作业流畅性的存储位分配问题可分

① Guo, X, Yu, Y, & De Koster, R. Impact of required storage space on storage policy performance in a unit-load warehouse. International Journal of Production Research, 2016, 54 (8): 1–14.

为静态问题和动态问题。

静态分配问题往往从存储位的固有状态出发，结合出入库的日常作业流程，通过仿真或者优化建模的方法，构建考虑出入库作业流畅性的存储位静态分配模型。在模型中用相应的指标来评估出入库作业活动的流畅性程度，通过流畅性程度来评估各优化和仿真方案。流畅性程度通常用仓库各通道的流量方差或标准差表示，方差或标准差越小，代表相应方案的流畅性越好。

动态分配问题考虑多周期或不确定情况下的存储位分配问题，多周期意味着存储位的使用时期是多阶段的，各周期间存储位的数量、状态、结构布局等都可能出现变化。需要考虑存储需求的季节性、市场波动等不确定因素，因此通常会采用动态规划方法建立动态分配模型，仍以出入库作业流畅性为目标，用优化算法求解最佳存储位动态分配方案。

4.1.2 考虑货架安全性的存储位分配问题

安全问题是仓库管理中非常重要的一项问题，因此，有不少学者尝试从货架安全性的角度去研究存储位分配问题，其最主要的特点是以安全生产运营为第一要务，其次才考虑成本或作业流畅性等。根据存储位的状态不同，可以分为固定存储位分配问题和随机存储位分配问题。

固定存储位分配问题通常指在货物没有进仓、货架还处在空置状态时，提前对货架进行存储位分配，主要涉及货物分类以及不同重量的货物如何在货架上安全放置。这个问题本质上是有限资源的分配布局问题，通常会建立考虑货架安全性的固定存储位分配模型，货架安全性往往以货架重心位置的指标表示，并用安全性来评价各存储位分配方案。

随机存储位分配问题通常指货架上已有一定的存放货物，在随机作业活动中会空出一部分存储位，新入库的随机货物会被放置到空位上。这个问题要比固定存储位分配问题更为复杂，类似于物流中的排队问题。这一问题往往采用仿真方法求解，建立一个随机货架分配系统，设置一定的随机状态参数，观察不同随机分配策略下货架的重心位置指标，并根据指标数据反馈随机分配策略是否有效、顺序是否正确。

4.1.3　考虑存取距离的存储位分配问题

在存储位分配中，存取的距离长短影响着整个物流仓库的运作成本。存取距离的长短与存储位分配问题的关联点是位置与频率的交互统一，因为仓库中存储的货物有不同的出入库频率，不同的出入库频率会形成不同的存取次数，次数与距离的综合考量决定存储距离。考虑存取距离的存储位分配问题可以分为考虑单通道存取距离的存储位分配问题和考虑双通道存取距离的存储位分配问题。

单通道物流仓库的货架由于有一面背靠墙体，只能从一侧通道进出存取货物，存取距离基本不需做判断和决策，相对而言，存取距离是固定的，并不需要建立较为复杂的求解距离的模型，统计完成货物的出入库频率就基本有一个较优的分配方案。

双通道物流仓库的货架与单通道物流仓库货架的区别在于它的货架两边通道均可以进行出入库作业活动，选择不同边的通道显然存取距离不同，因此，还需要考虑选择哪个通道执行操作，出入库频率与通道的选择共同决定了最优存储位分配方案。解决这个问题需要基于出入库作业频率和通道选择存储位分配模型，以存取距离最小化为目标，求解最优存储位分配方案。

4.1.4　考虑仓库运作效率的存储位分配问题

仓库运作效率评价的具体指标有单位时间内出入库量、单位时间内货损货差水平等。仓库运作效率的影响因素有物流仓库通道的流畅性、存储位分配的合理性、仓库设备人工作业的水平等。考虑仓库运作效率的存储位分配问题以仓库运作效率作为目标函数，将单位时间内出入库量、单位时间内货损货差水平等指标进行数量化，并从物流仓库通道的流畅性、存储位分配的合理性、仓库设备人工作业的水平方面对存储位分配方案进行优化。常用的研究方法有仿真建模、运筹优化算法等。考虑仓库运作效率的存储位分配问题通常可分为考虑实时运作效率和考虑计划运作效率两种。

仓库实时运作效率强调时效性，以实时运作效率作为标准，评价存储分配决策方案的质量水平。这一问题的难点在于实时运作效率如何进行界定。现有的研究中多数是将实时运作效率进行单位时间的细化，比如将物流仓库一天或一周的平均运作效率与这一时间段的存储分配决策结果进行对比分析，或者在做分配决策时运行计算实时运作效率，要求不低于一定标准水平。解决考虑仓库实时运作效率的存储位分配问题可有效解决物流仓库的实时决策问题，一般会作为仓库管理决策系统的一部分进行使用，具有较强的实践应用场景。

考虑仓库计划运作效率的存储位分配问题主要强调仓库分配方案的计划性特点，它与考虑仓库实时运作效率最大的区别在于，前者具有一定的预测属性，是基于对未来仓库进出货物的流量预测展开的，而不是实时状态。目前的研究多数是评估未来一段时间内进出库订单量，结合物流仓库的处理能力和存储位容量，制订基于预测的存储位分配方案。这种分配决策结果最终需要从实际仓库的运作效率进行反馈验证。

4.1.5　考虑仓库运作利润的存储位分配问题

物流仓库的业务利润是仓库作业考核中的关键指标，对于物流企业来说，通常会呈现客户利润与客户数量之间的二八利润结构，也就是20%的客户贡献了物流企业80%的利润，那么在考虑仓库运作利润时就需要考虑如何服务好这20%的重点客户。首先要梳理现有的客户与利润之间的关系，筛选出重点客户，有针对性地设计存储位分配方案。考虑仓库运作利润的存储位分配问题可以分为静态分配问题和动态分配问题。

考虑仓库运作利润的存储位静态分配问题是以一定的利润期为基础的。现有研究一种是对重点客户和非重点客户进行区分，将重点客户进行优先存储位分配；另一种是对所有客户根据相应利润率进行存储位分配，以仓库运作总利润最大化为目标，制订分配方案。

考虑仓库运作利润的存储位动态分配问题强调的是动态属性，动态相对于静态而言，没有时间期限制，主要体现在客户利润贡献波动比较大的情况中。目前解决动态分配问题常采用的方法是动态规划法或仿真建模法。

4.1.6　综合性多目标的存储位分配问题

存储位分配问题的目标往往是多样的，包括安全作业、流畅作业、低成本作业、可观利润等。比如同时考虑货架安全性与存取运作效率的双目标存储位分配问题，既要考虑仓库运作的安全性，又要考虑仓库的运作效率。根据问题的理想化状态可以分为无限存储位条件下综合性多目标的存储位分配问题和有限存储位条件下综合性多目标的存储位分配问题。

无限存储位条件下综合性多目标的存储位分配问题中，无存储位容量限制，可以理解为有充分的存储位来满足货物存储分配的需要，这是理想化的存储条件，其目标函数往往设置的就是运作安全性、运作成本或者运作效率多个目标的优化方向，在没有存储位容量约束的情况下，这种综合优化更能呈现一个较好的求解结果。

有限存储位条件下综合性多目标的存储位分配问题中，每个存储区域的存储位是有限的，不同类型的货物，每单位货物的存储重量有差异，且每层货架有最大载重量限制。不同类型的货物出货频率不同，不同的出货频率和出货距离给仓库带来不同的运作成本和效率。

4.2　拣货策略问题的理论分析

拣货通常指响应客户订单、检索订单上的货物存储位置并到该存储位置取得货物的过程。大多数拣货活动中，仓库都是根据零单操作的原则进行，并且人工工作量很大，拣货作业的成本大概占仓库总运营成本的一半以上。

为了降低仓库拣货的成本，许多学者已经提出了数学优化模型。目前物流仓库的拣货作业活动主要与仓库布局的结构、存储位的分配、订单的批处理以及订单拣选人员拣货路线有关。物流仓库的布局结构主要是指仓库的长度、宽度、高度、分区结构、通道设计结构等基本设置参数。

拣货策略问题可以整理为三类。

1. 与仓库布局有关的拣货策略问题

仓库布局主要考虑物流仓库的类型、分区的数量、位置以及几个通道因素。

（1）标准矩形结构的传统仓库通常都有平行的拣选通道，前端对应进货区，后端对应出货区，里面的货架区域通常都是单块条状标准矩形结构（见图4-1）。这种有两个以上十字型通道的仓库通常被称为块状仓库。

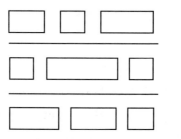

图4-1　标准矩形多排平行结构的仓库布局

资料来源：笔者自绘。

（2）非传统仓库中，并不是所有的仓库通道都是十字结构或互相平行，而是会根据作业要求选择不同的布局，这种设计目的是实现仓库的特定要求或提高仓库的利用率。非传统仓库目前有鱼骨式和"U"形布局。

（3）距离矩阵中，拣货问题不会对仓库的过道进行任何假设，而是使用一般距离矩阵。因此，不可能像交互路径那样使用特殊结构的距离矩阵，这使得很难有效地解决这些仓库中的拣货单路径问题。由此产生的问题与经典的旅行商问题或容量约束路径问题相同。

2. 静态与动态拣货策略问题

静态订单拣货是指一旦拣货流程启动，就不允许更改拣货单的操作；而在动态订单拣货的情况下，拣货单可能会在拣货流程中根据拥堵、维修等突发情况进行更改。

3. 按订单拣货与按批次拣货策略问题

在按订单拣货的情况下，订单分拣员将挑选单个订单，而在按批次拣货情况下，会将多个订单合并成一批，以减少行程距离。在该框架中，还考虑了拣货顺序是否优先受约束。

第 5 章 仓配资源一体化配置与运作优化应用算法介绍

5.1 松鼠算法（SSA）

5.1.1 松鼠算法的生物学原理

松鼠通过从一棵树向另一棵树滑行进行觅食，在松鼠觅食的过程中，它们会不停地改变自己的位置，在树上跳跃寻找。天气温热的时候，由于外界有足够的食物，它们在找到食物后会立即吃完。在满足了自己的日常需求后，它们开始寻找应对冬天最优的食物——核桃，核桃的储存会提高它们在寒冷冬天生存的可能性。冬天结束后，松鼠又开始恢复活跃的觅食能力。

5.1.2 松鼠算法的设计思路

松鼠算法是受自然界松鼠觅食启发而设计的一种算法，由辛格和拉尼（Singh and Rani，2019）提出，算法假设有 n 只松鼠在森林中的 n 棵树上，且每棵树上只有 1 只松鼠，每个松鼠各自觅食，并通过动态的行动，最大化利用食物资源。在森林中只有三种树：普通树、橡树、核桃树，其中橡树和核桃树这两种是松鼠的食物来源。在森林区域只设定存在 3 棵橡树和 1 棵核桃树。

5.1.3　松鼠算法求解步骤

步骤 1： 随机产生 n 只松鼠的位置 S（即程序中的自变量矩阵 X），位置由模型中的 d 维自变量矩阵表示。如式（5-1）所示，第 i 只松鼠的位置为 $S_i = \begin{bmatrix} S_{i,1} & S_{i,2} & \cdots & S_{i,d-1} & S_{i,d} \end{bmatrix}$，起始位置随机产生的方式如式（5-2）所示，其中 E 是（0，1）之间的随机数值，$S_{\min}$ 和 $S_{\max}$ 分别是第 i 只松鼠在第 j 维度的最低限和最高限。

$$
S = \begin{bmatrix}
S_{1,1} & S_{1,2} & \cdots & S_{1,d-1} & S_{1,d} \\
S_{2,1} & S_{2,2} & \cdots & S_{2,d-1} & S_{2,d} \\
\vdots & \vdots & \vdots & \vdots & \vdots \\
S_{n-1,1} & S_{n-1,2} & \cdots & S_{n-1,d-1} & S_{n-1,d} \\
S_{n,1} & S_{n,2} & \cdots & S_{n-1,d} & S_{n,d}
\end{bmatrix}
\tag{5-1}
$$

$$
S_i = S_{\min} + E(0,1) \times (S_{\max} - S_{\min})
\tag{5-2}
$$

步骤 2： 计算第 i 只松鼠的位置值（模型的目标函数），按公式（5-3）计算结果进行 n 只松鼠大小排序，最小值排第 1 位的定义为该只松鼠在核桃树上，最小值排第 2、3、4 位的松鼠定义为在橡树上，剩余的松鼠则被定义在普通树上。

$$
f(S_i) = f_i \begin{bmatrix} S_{i,1} & S_{i,2} & \cdots & S_{i,d-1} & S_{i,d} \end{bmatrix}
\tag{5-3}
$$

步骤 3： 更新松鼠的位置。

其一，对于在橡树上的松鼠，让它向核桃树移动，按公式（5-4）更新位置，其中 e 是一个随机的滑行距离，g 是用于平衡的滑行常数，ε 是（0，1）的随机值，ρ 是捕食松鼠的动物出现的概率，也就是松鼠的自然淘汰率，如果松鼠跳跃时顺利存活下来，即 $\varepsilon_1 \geqslant \rho$，按公式更新，否则随机产生一个新松鼠的位置。

$$
S_a^{t+1} = \begin{cases} S_a^t + e \cdot g \cdot (S_h^t - S_a^t), & \varepsilon_1 \geqslant \rho \\ \text{随机位,} & \text{否则} \end{cases}
\tag{5-4}
$$

$$e = h/\tan(\arctan(0.5 \cdot p \cdot V^2 \cdot S \cdot CD)/(0.5 \cdot p \cdot V^2 \cdot S \cdot CL))$$
$$(5-5)$$

其二，对于在普通树上的松鼠，让它向橡树移动，按公式（5－6）更新位置，如果松鼠跳跃时顺利存活下来，即 $\varepsilon_2 \geqslant \rho$，按公式更新，否则随机产生一个新松鼠的位置。

$$S_n^{t+1} = \begin{cases} S_n^t + e \cdot g \cdot (S_a^t - S_n^t), & \varepsilon_2 \geqslant \rho \\ 随机位, & 否则 \end{cases} \qquad (5-6)$$

其三，对于在普通树上的松鼠，让它向核桃树移动，按公式（5－7）更新位置，如果松鼠跳跃时顺利存活下来，即 $\varepsilon_3 \geqslant \rho$，按公式更新，否则随机产生一个新松鼠的位置。

$$S_n^{t+1} = \begin{cases} S_n^t + e \cdot g \cdot (S_h^t - S_n^t), & \varepsilon_3 \geqslant \rho \\ 随机位, & 否则 \end{cases} \qquad (5-7)$$

步骤 4：加入季节考虑，避免算法陷入局部最优。

$$SA^t = \sqrt{\sum_{k=1}^{d} (S_{a,k}^t - S_{h,k}^t)^2} \qquad (5-8)$$

根据公式（5－8）计算当前的季节因子，判断当前的季节因子是否小于设定的季节常数 S_m。S_m 是与迭代次数有关的函数，按公式（5－9）可以进行计算，如果 $SA^t < S_m$，表示冬天临近结束，没有在核桃树和橡树上的松鼠（即普通树上的松鼠）位置按公式（5－10）进行更新，开始新一轮的觅食行动。其中 $f\sigma$ 是全局探索系数，通过设定可以控制全局探索的程度，其中 σ 搜索调整系数，β 是飞行搜索常数。

$$S_m = \frac{10E^{-10}}{(365)^{t/(\frac{t_m}{2.5})}} \qquad (5-9)$$

$$S_{n,new}^t = S_{min} + f\sigma \times (S_{max} - S_{min}), \quad f\sigma = r_a \cdot \sigma/(r_b)^{\wedge}(1/\beta) \qquad (5-10)$$

步骤 5：判断是否达到最大迭代次数，如果达到终止程序，输出核桃树上的松鼠位置和值，即寻找到的最优解和最优值。

具体参见图 5－1。

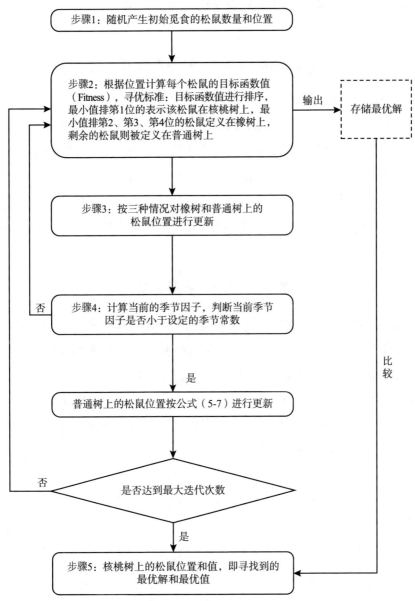

图 5−1 松鼠算法求解步骤

资料来源：笔者自绘。

5.2 原子搜索算法（ASO）

5.2.1 原子搜索算法（ASO）的基本原理

原子搜索算法是利用原子间的相互作用力和约束力来调整普通原子向最优原子群的靠近加速度，让大范围内的原子向最优原子群逐步集聚，在靠近过程中不断更新最优原子群的位置和数量，直至最后只取一个最优原子的位置和值。原子间的相互作用力与原子之间的距离、当期的迭代次数有关，原子之间的约束力取决于与该原子与最优原子之间的位置距离和当期的迭代次数，原子移动的加速度取决于平均质量下的原子相互作用力和约束力（Zhao et al.，2019）。

5.2.2 原子搜索算法（ASO）求解步骤

原子搜索算法求解多渠道仓库存储位分配优化模型的具体步骤如下。

步骤1：初始原子群位置生成。随机产生 n 个原子的位置 X 和速度 V，位置由模型中的 d 维变量矩阵表示，如式（5-11）所示，第 i 个原子的位置为 $X_i = [X_{i,1} \quad X_{i,2} \quad \cdots \quad X_{i,d-1} \quad X_{i,d}]$，第 i 个原子的速度为 $V_i = [X_{i,1} \quad X_{i,2} \quad \cdots \quad X_{i,d-1} \quad X_{i,d}]$，形成一个 d 维的原子矩阵，根据原子 i 的位置计算目标函数值，如式（5-13）所示。

$$X = \begin{bmatrix} X_{1,1} & X_{1,2} & \cdots & X_{1,d-1} & X_{1,d} \\ X_{2,1} & X_{2,2} & \cdots & X_{2,d-1} & X_{2,d} \\ \vdots & \vdots & \vdots & \vdots & \vdots \\ X_{n-1,1} & X_{n-1,2} & \cdots & X_{n-1,d-1} & X_{n-1,d} \\ X_{n,1} & X_{n,2} & \cdots & X_{n-1,d} & X_{n,d} \end{bmatrix} \quad (5-11)$$

$$V = \begin{bmatrix} V_{1,1} & V_{1,2} & \cdots & V_{1,d-1} & V_{1,d} \\ V_{2,1} & V_{2,2} & \cdots & V_{2,d-1} & V_{2,d} \\ \vdots & \vdots & \vdots & \vdots & \vdots \\ V_{n-1,1} & V_{n-1,2} & \cdots & V_{n-1,d-1} & V_{n-1,d} \\ V_{n,1} & V_{n,2} & \cdots & V_{n-1,d} & V_{n,d} \end{bmatrix} \qquad (5-12)$$

$$\mathrm{Fit}(X_i) = f_i \begin{bmatrix} X_{i,1} & X_{i,2} & \cdots & X_{i,d-1} & X_{i,d} \end{bmatrix} \qquad (5-13)$$

步骤 2：计算当期第 t 次迭代的原子质量 MG_i^t 和占比 mg_i^t。根据公式（5-14）计算 MG_i^t，其中的 $Fit(X_{best})^t$ 是最小目标函数值，X_{best} 是最小目标函数值对应的原子位置。$Fit(X_{worst})^t$ 是最大目标函数值，X_{worst} 是最大目标函数值对应的原子位置。根据公式（5-15）计算第 t 次迭代的第 i 个原子质量占当期所有原子质量的比。

$$MG_i^t = e^{-\frac{Fit(X_i)^t - Fit(X_{best})^t}{Fit(X_{worst})^t - Fit(X_{best})^t}} \qquad (5-14)$$

$$mg_i^t = \frac{MG_i^t}{\sum_{j=1}^n MG_j^t} \qquad (5-15)$$

步骤 3：计算近邻原子的数量 $Nei(t)$。根据公式（5-16）计算最优近邻原子的数量（是跟迭代次数有关的一个函数），当达到最大迭代次数期时，最优近邻原子数量值是 2。

$$Nei(t) = n - (n-2) \times \sqrt{t/T} \qquad (5-16)$$

步骤 4：计算原子的相互作用力 f_i 和约束力 g_i。根据公式（5-18）计算 $f_{ij}^d(t)$，转化成能求最优的公式（5-19），其中 $\varphi(t)$ 为相互作用力和约束力区域内的深度函数，由深度权重 α、第 t 次迭代、总迭代次数决定，根据公式（5-20）计算得到。$\sigma(t)$ 是长度规模函数，由第 t 次迭代原子与近邻原子群的模长度决定，根据公式（5-22）计算得到。$r_{ij}(t)$ 是第 t 次迭代原子 i 与原子 j 之间的距离。约束力 $g_i^d(t)$ 是原子 i 与最小目标函数值原子位置之间的约束力，根据公式（5-23）计算得到。

$$f_i^d(t) = \sum_{j \in Nei(t)} rand_j \cdot f_{ij}^d(t) \tag{5-17}$$

$$f_{ij}^d(t) = \frac{24\varepsilon(t)}{\sigma(t)} \left[2 \times \left(\frac{\sigma(t)}{r_{ij}(t)} \right)^{13} - \left(\frac{\sigma(t)}{r_{ij}(t)} \right)^{7} \right] \cdot \left(\frac{r_{ij}(t)}{r_{ij}^d(t)} \right)^{13} \tag{5-18}$$

$$f_{ij}^d(t)' = -\varphi(t) \left[2 \times (p_{ij}(t))^{13} - (p_{ij}(t))^{7} \right] \tag{5-19}$$

$$\varphi(t) = \alpha \left(1 - \frac{t-1}{T} \right)^3 \cdot e^{-\frac{20t}{T}} \tag{5-20}$$

$$p_{ij}(t) = \begin{cases} p_{\min}, & \dfrac{r_{ij}(t)}{\sigma(t)} < p_{\min} \\[2ex] \dfrac{r_{ij}(t)}{\sigma(t)}, & p_{\min} \leqslant \dfrac{r_{ij}(t)}{\sigma(t)} \leqslant p_{\max} \\[2ex] p_{\max}, & \dfrac{r_{ij}(t)}{\sigma(t)} > p_{\max} \end{cases} \tag{5-21}$$

$$\sigma(t) = \left\| X_{ij}(t), \frac{\sum_{j \in Nei(t)} X_{ij}(t)}{Nei(t)} \right\|_2 \tag{5-22}$$

$$g_i^d(t) = \mu \cdot e^{-20t/T} \cdot (X_{best}^{\ d}(t) - X_i^d(t)) \tag{5-23}$$

步骤 5：计算原子 i 的加速度 ACC_i^d。在原子间的相互作用力和与最优原子间的约束力条件下，形成每个原子的各维度移动加速度，由公式（5-24）计算得到。

$$ACC_i^d = (f_i^d(t) + g_i^d(t))/mg_i^d(t) \tag{5-24}$$

步骤 6：更新原子 i 的速度 V_i 和位置 X_i。原子的速度是在原有速度的基础上加上加速度 ACC_i^d，由公式（5-25）计算得到。原子的位置 $X_i^d(t+1)$ 是在 $X_i^d(t)$ 上加上原子移动速度，由公式（5-26）计算得到。

$$V_i^d(t+1) = V_i^d(t) + ACC_i^d(t) \tag{5-25}$$

$$X_i^d(t+1) = X_i^d(t) + V_i^d(t+1) \tag{5-26}$$

具体参见图 5-2。

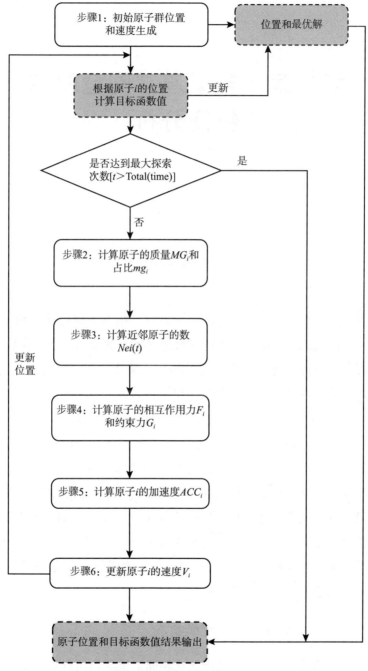

图 5 – 2　原子算法求解步骤

资料来源：笔者自绘。

第6章　多渠道共同仓配的特征分析

6.1　共同仓配的模式

共同仓配是共同仓储与共同配送的合称。根据国家标准《物流术语》的解释，共同配送是指由多个企业联合组织实施的配送活动，在具有货物运输资源共享条件及物流运输覆盖面具有重叠性、相似性的不同企业间，开展配送活动，通过货物的集中存储和统一调拨，实现物流的增值。共同配送的雏形 1961 年出现在美国，桂格（Quaker）、品食乐（Pillsbury）等几家日用品行业的公司将订单整合，一起运输给同一个收货商，通过这种共同运输的方式降低了运输成本，当时称为"库存整合"，这是"共同配送"的雏形。后来共同配送形式在日本正式出现，并不断更新发展，出现专业的第三方物流服务公司开展共同配送服务，形成了共同仓配的业务模式，大幅节约了企业整体配送和仓储的成本。[①]

共同仓储和共同配送目前主要存在以下两种模式：同渠道间的共同仓配模式和多渠道间的共同仓配模式。

6.1.1　同渠道间的共同仓配模式

同渠道间的共同仓配模式是指处在相同渠道或相同行业的生产或经营

---

① He Y, Wang X, Lin Y, Zhou F, Zhou L. Sustainable decision making for joint distribution center location choice [J]. Transportation Research Part D: Transport and Environment, 2017, 55: 202 –216.

单位，为降低物流配送成本、提高物流配送效率，通过集中仓储和集中配货的方式开展物流活动。具体的形式有两种。

（1）以专业第三方物流企业为主开展共同仓储和共同配送，客户是相同渠道或相同行业的物流服务需求商，多数有较为明显的区域、行业特点。比如，上海一家城市配送公司专门为上海区域内的24鲜便利店、全家便利店、联华便利店等开展共同仓储与配送服务，这些便利店虽然经营主体不同，但经营行业、渠道方式相同，在相同的配送要求和相似的货品存储形式下，可有效开展共同仓储与共同配送。

（2）多个需求企业通过合作参股或资源协作的方式共建配送中心，承担共同仓储与配送活动。这种模式的合作范围比较广，配送中心可以广泛容纳多家企业，形成的规模效应也比较可观，能较好地降低物流成本，并服务于需求企业。例如，中通、韵达、申通共同入股溪鸟物流，共建城市－乡村快递配送中心，重点推进农产品共同仓配业务。

6.1.2　多渠道间的共同仓配模式

多渠道间的共同仓配活动是指将从事不同渠道、不同行业的物流仓储与配送活动集中起来，通过配送中心开展共同仓储与共同配送活动。目前多渠道间的配送活动主要存在以下形式。

（1）线上渠道与线下渠道共同仓配。线上渠道的货物多数通过区域仓库以快件的形式完成物流交付活动，线下渠道多以门店自提的方式完成物流交付活动。线上渠道与线下渠道共同配送，以便利化消费者为目标，协同门店配送与快递配送这两种原先无交集的模式。例如已经出现的京东线上店铺与线下便利店，两者在部分商品已经实现了两种渠道方式的融合，线上下单的货物可以到线下便利店提取，线下门店购买的货物如果缺货，也可以选择次日快递配送到家，极大地方便了客户，线上的货物和线下门店的货物都由京东物流仓库负责仓储与配送。

（2）批发渠道与零售渠道共同仓配。批发渠道的货物具有大批量小批次的特点，零售渠道的货物具有小批量大批次的特点。批发渠道与零售渠道的共同仓配指通过共享库存，对两种不同体量的货物进行调整，化散为整，匹配标准化的配送包装，实现批发渠道与零售渠道的货物融合仓配。例如，百世汇通服务店在提供便利店批发货物配送的同时，将商城零售渠道的货物共同进行配送，实现批发销售与商城零售的融合。

（3）不同行业的共同配送。以前不同行业间的物流活动存在较大的界限，例如商超行业配送活动和快递配送活动，商超配送是以专业城市配送公司完成各个门店的配送活动，快件配送是以快递公司为主完成物流包裹的配送活动。门店配送与快件配送的共同配送是指快件配送与门店配送共同进行，将门店作为快件收发点，完成社区快件的门店自提，减少末端配送次数。例如，顺丰与深圳便利店合作，开展快件门店自提，共同安排快件与便利店每天的常规配送。

6.2　多渠道共同仓配活动的特征分析

多渠道共同仓配活动是以节约运力资源、节省仓储成本为目标，将多种渠道的仓储和配送活动进行统一规划布局、调度安排，开展共同配送和共同仓储活动。多渠道共同仓配活动存在以下特征。

6.2.1　不同渠道的空间利用率不同

不同渠道的货物由于货物的种类、包装方式等存在较大差异，在存储时存储空间利用率不同。因此，在多渠道共同仓储的情况下，仓库的存储面积选择、空间使用时要根据不同渠道的不同空间率进行综合分析，这是与现有共同仓储相比呈现的新特征。

6.2.2　不同渠道单个订单的出货量不同

不同渠道的订单出货量差异较大，例如，电商渠道直接面向终端客户，其每个订单的出货量较小；线下零售渠道以门店为载体批量订货，每个订单的出货量较大。在多渠道场景中，不同渠道的订单出货量不同，在共同配送时可能目的地接近，但配送过程中如何将不同出货量的订单货物进行合理搭载、实现共同配送是区别于普通城市共同配送的又一显著特征。

6.2.3　不同渠道的时间要求不同

不同渠道的订单对配送时间的要求有较大差异，例如线下 24 小时便利门店的配送一般在凌晨 1～5 时，而线上京东、天猫等超市的货物配送一般在上午至下午。由于不同渠道的配送时间要求不同，多渠道共同配送车辆在进行仓配一体化的优化时，需要考虑不同渠道、不同时间窗口期对共同配送路径的影响，需要考虑不同仓库位置的选择对达到不同渠道时间要求的影响。

6.2.4　不同渠道的出入库频率不同

不同渠道的货物出库频率和入库频率有显著差异。有些渠道的货物交易频次低，货物出库操作少，有些渠道的货物交易频率高，出库操作非常频繁。因此，在多渠道场景中，不同渠道的货物在仓库内部布局时就需要考虑不同渠道货物与出入库口的距离和交互频次，以达到最小化仓库在出入库和日常作业时的总运输距离，提高仓库的运作效率。

6.2.5　不同渠道一般所属的物流公司不同

负责不同渠道物流仓储和配送服务的物流公司往往不同，例如，电商渠道往往由自营快递公司或第三方快递公司负责运行；门店零售渠道往往由专门负责城市配送的物流公司负责。多渠道场景中，不同渠道物流公司开展共同仓储和共同配送活动时，需要合理进行共同仓库选址、共同配送路径设计、共有仓库内部区域布局。

6.2.6　不同渠道货物品类出现交集的特征

不同渠道的货物虽然出货量和出货频率有较大差异，但货物品类有出现交集的可能。例如，电商渠道售卖的农夫山泉矿泉水和线下门店零售的相同，只是订单量和频率有所区别，这样，在多渠道场景中不同渠道间同品类的货物就出现了相互补货、交互性库存的情况，仓库内部的布局中这种渠道与渠道之间的库存联系程度也成为影响仓库整体运输距离的因素，需要在布局时重新考虑。

6.2.7　不同渠道的拣货方式不同

不同渠道的货物仓储作业方式有差异，有些渠道的货物是大件单次操作，即每次拣货操作起始单次完成；有些渠道货订单由多个小件的组合而成，拣货时一次能同时完成多个订单的拣货，再对订单挨个打包贴标签。需要对不同渠道下不同拣货方式对共同仓储仓库内部布局和日常运作的影响进行分析，优化多渠道仓库内部布局和运作方式，以提升作业效率。

6.2.8　不同渠道货物的存储形式不同

由于渠道不同，货物的包装形式和在仓库中的存储形式有显著差异，导致不同渠道的货物在存储时排放规则存在差异。例如，配送线下门店的货物多以大件包装形式存储，在有订单时以大件形式出货，而网上店铺销售的货物多以大件拆包小件的形式存储，在收到订单时往往以多品类小件合并形式出货。因此，需要在存储过程中根据不同货物的存储形式，安排不同的存储位。

6.3　多渠道仓配资源共同配置与运作优化的新问题

基于多渠道物流配送需求的共同仓储与共同配送，通过优化共同配送的路径，可充分利用城市运力协调联动配送车辆，有效实现多渠道配送总成本的节约与运作效率的提升。比较而言，在多渠道共同配送模式下，与原先单渠道城市配送的运作模式、资源分派有较大差异。考虑到多渠道仓配活动的运作特征，最大限度地提高资源共享程度，必须从多渠道仓配资源一体化布局和运作的角度，对多渠道仓配资源合理选址布局，对多渠道仓库存储位问题和仓库拣货策略进行优化。

6.3.1　多渠道仓配资源合理选址布局问题

多渠道仓配资源选址布局与运作需要考虑物流需求下的仓库合理选址，

同时要考虑对应的多渠道配送网络的布局，需要研究仓库、车辆、需求点三者之间的协同运作与共同优化问题。在现有分渠道配送过程中，考虑共同仓储带来的仓配资源合理布局问题；在渠道进一步融合的过程中，考虑共同仓储共同配送条件下的仓库选址、配送网络布局、配送计划制订；在服务时间要求的限制下，考虑时间窗条件下的仓配一体化资源布局优化与运作问题。

多渠道仓储与配送活动中，由于不同渠道间存在不同的空间利用率、不同渠道的单个订单出货量不同、不同渠道对时间的要求不同，在原城市共同配送的基础上，多渠道仓配资源共同配置的问题需要考虑这三个特征对共同仓库的选址和配送路线优化产生的影响。不同渠道的不同空间利用率影响仓库的选址面积，不同区位的仓库在不同的面积条件下仓储成本存在差异，进而影响整体的物流成本。不同渠道的单个订单出货量不同，在多渠道货物共同配送条件下，对原本单一渠道下的车辆装载量产生影响，进而影响多渠道共同配送的成本。不同渠道对时间的要求不同，为满足多渠道不同的配送时间，需要重新对配送路线以时间窗为条件进行优化设计，又同时需要约束多渠道的共同仓储和共同配送总成本，因而产生"时间和成本"的双目标优化问题。

6.3.2 多渠道仓库存储位分配优化问题

多渠道的仓储订单需要同时进行操作，复杂性提高，这些仓储运作层面的问题直接关系到能否持续、高效、低成本地开展共同仓储业务。常规的存储位分配问题是在有限的存储位条件下，以货架稳定性和存储平衡性为约束条件，以仓库运输总距离最小化为目标，求解有限存储位的最优分配方案。

6.3.3 多渠道仓库拣货策略优化问题

多渠道仓库拣货中，不同渠道拣货方式不同，不同渠道货物的存储形式不同，多渠道存储位分派与拣货运作优化要考虑这些影响。对于拣货作业过程中出现的仓库存储拣货策略优化问题，以不同的货道布局为基础，结合拣货设备的载重容量限制，以设备平均做功量最小为目标，求解最优的订单拣货作业顺序。

第7章 多渠道仓配资源一体化选址布局问题

7.1 多渠道共同仓储分渠道配送选址布局问题

7.1.1 问题描述

多渠道的共同仓储分渠道配送中，不同渠道间存在不同的空间利用率，导致不同渠道类型对仓储空间有不同的需求，不同的空间利用效果会形成不同面积的仓库选址要求。共同仓储可以充分利用每个候选点的仓储资源，降低仓储成本。同时结合每个渠道的配送点需求，仍可以分渠道进行配送活动，不与现在的物流模式形成冲突。

通过给定一组仓库候选站点，一组卡车，一组需求点及对应的渠道方式，确定一个区域内仓库的位置和面积、对应服务需求点、每条配送路径及对应配送的卡车，目标是将仓库租赁和运输的总成本降到最低。如图 7-1 所示，3 个仓库用卡车依次服务需求点，不同渠道分开配送。

此外，该问题还有以下一些假设：（1）仓库候选场地可用面积有限，不同场地成本不同；（2）不同的产品渠道分布占有不同的仓库作业区面积；（3）仓库与配送点之间的配送路线畅通，配送时间不受限制；（4）来自不同渠道的产品不会相互反应，可以一起存储；（5）仓库可以有一定数量的卡车，但最佳数量的卡车需要决策；（6）配送方式可以是直接运输，也可以是环线运输。

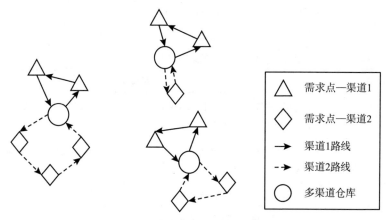

图 7 - 1　共同仓储分渠道配送示例

资料来源：笔者自绘。

7.1.2　数学模型

1. 模型参数

模型所涉及的参数说明见表 7 - 1。

表 7 - 1　　　　　　　　　　　参数和决策变量一览

参数	参数含义
C	仓库候选点 i 的集合，$i \in C$
P	渠道类型 p 的集合，$p \in P$
K	配送车辆 k 的集合，$k \in K$
D	需求点 j 的集合，$j \in D$
U	路径上所有点的集合，$U = C \cup D$，$i, j \in U$
D_{ij}	路径上点 i 到点 j 的距离
Q_p	每单位 p 渠道类型货物所需要的仓储面积
$Demand_{pi}$	需求点 i 对 p 渠道货物的需求数量
Cap_i	仓库候选点 i 的最大可用面积
V_i	仓库候选点 i 的单位面积租金成本

续表

参数	参数说明
$K_{\max}$	仓库候选点 i 可配的最多卡车数量
Cap_k	配送车辆 k 的最大载重量
w_k	配送车辆 k 单位距离的运输成本
决策变量	变量说明
X_{pijk}	p 类型的货由 i 点运到 j 点是否由 k 车服务，如果路径上的点 i 到 j 由配送车辆 k 运输，则为 1，否则为 0
y_{pjk}	如果配送车辆 k 为路径上的点 j 提供 p 类型货的运输服务，则为 1，否则为 0
Z_i	仓库候选点 i 是否被选中为仓库，是为 1，否为 0
f_i	仓库候选点 i 的租赁总成本
S_{pi}	在仓库候选点 i 对 p 渠道类型货物的总面积需求
U_{pjk}	装有 p 类型货物离开路径上 j 点的 k 车载货重量

资料来源：自设模型。

2. 目标函数

$$\min Z = \sum_{i \in U} \sum_{p \in P} \sum_{k \in K} \sum_{j \in U} X_{pijk} \cdot D_{ij} \cdot w_k + \sum_{i \in C} Z_i \cdot f_i \qquad (7-1)$$

模型的目标函数式（7-1）是总成本最小化，总成本分为配送成本和仓库成本，在分渠道配送模型中配送成本是各种类型货物的配送成本累加，配送成本由两点间的距离乘以车辆单位距离运输成本，再乘以该 p 型货是否①由 k 车承担配送任务，仓库成本是仓库候选点 i 的租赁总成本 f_i 乘以是否选择仓库候选点 i 作为仓库。

3. 限制条件

$$\sum_{p \in P} \sum_{k \in K} y_{pik} \leqslant K_{\max} \cdot Z_i, \ i \in C \qquad (7-2)$$

$$Z_i \leqslant \sum_{p \in P} \sum_{k \in K} y_{pik}, \ i \in C \qquad (7-3)$$

---

① "是" 的值为 1，"否" 的值为 "0"，下同。

$$\sum_{i \in D} y_{pik} \cdot Demand_{pi} \leqslant Cap_{pk}, \ i \in D \tag{7-4}$$

$$y_{pik} = \sum_{j \in U} X_{pijk}, \ i \in U, \ j \in U \tag{7-5}$$

$$y_{pjk} = \sum_{i \in U} X_{pijk}, \ j \in U, \ i \in U \tag{7-6}$$

$$X_{pijk} = 0, \ i = j, \ i, \ j \in U \tag{7-7}$$

$$f_i = \sum_{p \in P} S_{pi} \cdot V_i, \ i \in C \tag{7-8}$$

$$\sum_{p \in P} S_{pi} \leqslant Cap_i, \ i \in C \tag{7-9}$$

$$S_{pi} \geqslant \sum_{k \in K} \sum_{j \in D} \left[\left(\sum_{j \in D} X_{pijk} \right) \cdot \left(\sum_{j \in D} y_{pjk} \cdot Demand_{pj} \right) \right] \cdot Q_p, \ i \in C \tag{7-10}$$

$$\sum_{k \in K} y_{pjk} = 1, \ j \in D \tag{7-11}$$

$$U_{pjk} \geqslant \sum_{i \notin C} X_{pijk} \cdot Demand_{pi} + Demand_{pj}, \ j \in U \tag{7-12}$$

$$U_{pjk} \leqslant Cap_{pk} - \sum_{i \in C} X_{pijk} \cdot (Cap_{pk} - Demand_{pj}), \ j \in U, \ i \in C \tag{7-13}$$

$$U_{pjk} \geqslant U_{pik} + Demand_{pj} - Cap_{pk} + Cap_{pk} \cdot (X_{pijk} + X_{pjik}) - X_{pjik} \cdot (Demand_{pi} + Demand_{pj}), \ p \in P, \ k \in K, \ j \in U, \ i \in U \tag{7-14}$$

$$X_{pijk} = 1 \ or \ 0, \ i, \ j \in U \tag{7-15}$$

$$y_{pjk} = 1 \ or \ 0, \ j \in U \tag{7-16}$$

$$Z_i = 1 \ or \ 0, \ i \in C \tag{7-17}$$

4. 限制条件说明

限制条件（7-2）是指从仓库 i 发送的所有配送车的总量不应超过每个仓库候选点 i 的最大配送车辆总数。

限制条件（7-3）是指如果选择仓库候选点 i 来建立仓库，则至少会发送一辆卡车，否则不会发送任何一辆配送车。

限制条件（7-4）是指配送车辆 k 一次配送 p 型货物的总装载重量不应超过配送车辆 k 的装载能力。

限制条件（7-5）是指仓库 i 的 p 类型货物是否由配送车 k 进行配送。

限制条件（7-6）是指需求点 j 的 p 类型货物是否由配送车 k 提供配送服务。

限制条件（7-7）是指路径上的仓库候选点不能为自己服务。

限制条件（7-8）是指仓库候选点 i 的租赁成本是该候选点所需的 p 型渠道产品的总面积乘以该候选点的单位面积租赁成本。

限制条件（7-9）是指仓库候选点 i 所需的 p 型渠道产品的总面积不应超过该候选点的最大可用面积。

限制条件（7-10）是指 p 型渠道产品在仓库候选点 i 所需的仓库总面积应大于或等于该候选点所服务需求点 j 的 p 型渠道产品数量之和。

限制条件（7-11）表示需求点 j 只能由一辆卡车提供 p 型渠道产品的配送服务。

限制条件（7-12）、限制条件（7-13）、限制条件（7-14）用来约束配送车辆 k 到达路径中 i、j 点的先后顺序。采用装货模式的路径设计替代卸货模式的路径设计，以缩小模型的搜索范围，提升求解效率。在路径装货模式下，限制条件（7-12）表示对不属于仓库的路径中的点，车辆 k 离开 j 时，其所载重的 p 型渠道货物载重量 U_{pjk} 应大于等于之前点的 p 型渠道产品需求量之和。限制条件（7-13）表示从仓库出发后到达的第一个 j 点，p 型渠道产品的车辆 k 离开 j 的载重量 U_{pjk} 应小于等于 j 点的需求量 $Demand_{pj}$。限制条件（7-14）表示如果车辆 k 的行驶路径是从 i 到 j，那么车辆离开 j 点时的 p 型渠道货物载重量 U_{pjk} 大于等于离开 i 点时的载重量加上 j 点的需求量，如果车辆 k 没有从 i 到 j 的行驶路径，那么装载量大于负值不定式恒成立。

限制条件（7-15）、限制条件（7-16）、限制条件（7-17）要求参数为 X_{pijk}、y_{pjk}，Z_i 为 0 或 1 变量。

7.1.3 初始程序

模型具体的初始解程序设计内容如下。

步骤1： 自变量的生成设计。

$$x = rand(data. num\_N, 1 + 1 + 1 + data. max\_V);$$

随机生成一个自变量 x 的矩阵，例如，93 个需求点和 10 个仓库，生

成的 x 矩阵行数为 $93 + 10 = 103$，列数为 8，其中的第 1 列值表示仓库建设优先级，第 2 列值表示仓库和需求点的对应关系，第 3 列值表示需求点的配送路径，第 4 列值表示需求点负责配送车辆，第 4、第 5、第 6、第 7、第 8 列值表示车辆的发出先后顺序。

步骤 2：确定建设仓库的设计。

$[A, B] = sort(x(1 : data. num\_WH, 1))$;

$position = find(A < 0.5)$;

$num\_WH = max(1, min(length(position), option. num\_Warehouse\_max))$;

$WareHouse = B(1 : num\_WH)$;

对于仓库随机第 1 列产生的 x 值进行排序，如发现值小于 0.5 的个数，就将排前几位的候选点选定为仓库。例如，1~10 号仓库经排序后，小于 0.5 的值有 3 个，对应排序后的第 1~3 位 x 值的仓库编号。

步骤 3：确定仓库和需求点的对应关系设计。

$WH\_N = ceil(x(:, 2). * num\_WH)$

$WH\_N(WH\_N < = 0) = 1$

$WH\_N(WH\_N > = num\_WH) = num\_WH$

对于自变量 x 矩阵的第 2 列，点乘建设仓库的数量后向上取整，取整后的值大于等于建设仓库数量的，表示由该已建设仓库负责这个需求点。

步骤 4：每个需求点的配送路径、车辆数、车辆配送优先级设计。

for i = 1 : length(WareHouse)

 no _WH = WareHouse(i); % 仓库编号

 no_WH_N = find(WH_N = = i); % 该仓库负责的节点

 [~ , temp_p] = sort(x(no_WH_N, 3));

 no_WH_N = no_WH_N(temp_p); % 仓库访问顺序

 num_V = data. WareHouse(no_WH, 4); % 车辆数

 recording. V{i} = zeros(num_V, 10);

 S_WH = data. WareHouse(no_WH, 2); % 当前仓库总面积

 for j = 1 : length(no_WH_N)

  if no _WH_N(j) < = data. num_WH % 剔除仓库节点

   continue;

```
end
no_N = no_WH_N(j);
Type_Goods = data. Demand(no_N,5);% 货物类型
weight_Goods = (data. Demand(no_N,2:3));% 货物重量
[~,priority_V] = sort(x(no_N,4:3 + num_V));% 车辆优先级
```

对于自变量 x 矩阵的第 3 列值进行排序，根据排序结果取得候选点被访问的顺序，并剔除仓库候选点。自变量 x 矩阵的第 4 列值反馈为配送车辆数量，第 4 列到第 "3 + 车辆数量" 的列值排序后，结果反馈为配送车辆的优先级。

步骤 5：松鼠的初始位置调用、值及加速度生成设计。

```
x = cell(option. popSize,1);
fit = zeros(option. popSize,1);
for j = 1:option. popSize
    x{j,1} = creat_x_1(option,data);
    v{j,1} = rand(size(x{j,1}));
    fit(j,1) = option. aimFcn(x{j,1},option,data);
end
data. x = x;
data. fit = fit;
data. v = v;
```

初始种群生成，接着按松鼠算法的第 2 步至第 5 步进行迭代和寻优（见 5.1.3 松鼠算法）。

7.1.4　算例分析

1. 已知数据

以 10 个仓库候选点和 33 个需求点为算例，每个需求点对第 1 类型（p = 1）和第 2 类型（p = 2）的货物单位时间需求量分别如表 7 – 2 所示，仓库点 1 至 10 的最大可选面积、租金、配备车辆数量如表 7 – 3 所示，每辆配送车辆的成本是 0.9 元/公里，单车的装载上限是 240 单位装载容量

的货物。候选仓库与需求点、需求点与需求点之间的运输距离如附录中的表1所示，是一个43×43的矩阵，10个仓库候选点和33个需求点的经纬度如附录中的表2所示。

表7-2　　　　　候选仓库点和需求点的各类型产品需求量

Point(p, i)	P = 1	P = 2	是否为仓库	产品类型
1	0	0	1	0
2	0	0	1	0
3	0	0	1	0
4	0	0	1	0
5	0	0	1	0
6	0	0	1	0
7	0	0	1	0
8	0	0	1	0
9	0	0	1	0
10	0	0	1	0
11	31	0	0	1
12	31	0	0	1
13	28	0	0	1
14	33	0	0	1
15	14	0	0	1
16	10	0	0	1
17	2	0	0	1
18	2	0	0	1
19	12	0	0	1
20	30	0	0	1
21	3	0	0	1
22	3	0	0	1
23	4	0	0	1
24	31	0	0	1
25	40	0	0	1

续表

Point(p, i)	P = 1	P = 2	是否为仓库	产品类型
26	0	19	0	2
27	0	11	0	2
28	0	18	0	2
29	0	2	0	2
30	0	2	0	2
31	0	32	0	2
32	0	3	0	2
33	0	40	0	2
34	0	15	0	2
35	0	4	0	2
36	0	6	0	2
37	0	28	0	2
38	0	3	0	2
39	0	24	0	2
40	0	29	0	2
41	5	0	0	1
42	3	0	0	1
43	2	0	0	1

资料来源：自设算例。

表 7 – 3　　　　　候选仓库点的面积、租金、配备车辆情况

仓库候选点	最大可用面积（平方米）	仓库租金（元/平方米·天）	最大可配车辆数（辆）
1	1000	2.5	5
2	1500	1.3	5
3	1600	0.8	5
4	1100	0.7	5
5	800	1.2	5
6	2000	1.1	5
7	1200	1.3	5

续表

仓库候选点	最大可用面积（平方米）	仓库租金（元/平方米·天）	最大可配车辆数（辆）
8	2800	1.0	5
9	3000	1.5	5
10	3200	0.6	5

资料来源：自设算例。

2. 算例结果

运用前述初始程序和松鼠算法的求解步骤，对上述 10 个仓库候选点和 33 个需求点的算例进行求解，根据 10 次实验取最优解，求解结果如表 7-4 和表 7-5 所示。选取 10 号候选点设立仓库，表 7-4 是 5 个车辆对应运输的货物类型、访问节点数量、承载货物数量、单次配送距离，表 7-5 是 5 个车辆配送路线，目标函数值（总成本）为 828.68 元。

表 7-4　　　　　　　　车辆配送货物类型及运输距离结果

车辆	货物类型	访问节点数量	1 类型货物数量	2 类型货物数量	单次配送距离（公里）
1	1	9	93	0	71.43
2	2	4	0	71	29.32
3	2	8	0	134	63.75
4	1	9	191	0	72.30
5	2	3	0	31	13.87

资料来源：实验数据整理得出。

表 7-5　　　　　　　　车辆的配送路线点情况

车辆	货物类型	路线点 1	路线点 2	路线点 3	路线点 4	路线点 5	路线点 6	路线点 7	路线点 8	路线点 9
1	1	21	17	22	25	24	23	41	43	42
2	2	34	40	38	39	0	0	0	0	0
3	2	30	26	31	32	33	37	36	35	0
4	1	20	19	11	14	13	12	15	16	18
5	2	29	28	27	0	0	0	0	0	0

资料来源：实验数据整理得出。

7.1.5 实验结果

我们使用松鼠算法、狼群算法、鸡群算法、改进遗传算法和改进粒子群算法来求解不同数据大小的算例，松鼠算法的参数设置情况如表 7 – 6 所示。从求解结果来看（如表 7 – 7 所示），在 10 × 13（10 个仓库候选点和 13 个需求点），10 × 33（10 个仓库候选点和 33 个需求点），10 × 53（10 个仓库候选点和 53 个需求点），10 × 73（10 个仓库候选点和 73 个需求点），10 × 93（10 个仓库候选点和 93 个需求点）[①] 的数据量情况下，松鼠算法的 10 次实验最优解分别为 174.29、828.68、1643.29、2646.61、3793.08，都优于狼群算法、鸡群算法、改进遗传算法和改进粒子群算法的 10 次实验最优解。同时松鼠算法在求解大规模数据量的算例中表现更为突出，10 个仓库候选点和 73 个需求点，10 个仓库候选点和 93 个需求点的大数据量算例实验平均值明显低于其他算法，同时，表 7 – 7 所示松鼠算法的 10 次实验最优解、最差解、中位数解等指标都优于其他 4 种算法。

表 7 – 6　　　　　　　　松鼠算法的参数设置情况

算法参数设置	参数说明	设置值
option. peiod	最大迭代次数	1000
option. M	生成种群数	200
option. P_dp_SSA	捕食松鼠的动物出现的概率 ρ	0.2
option. Gc_SSA	用于平衡的滑行常数 g	0.05
option. Max_Dg_SSA	最大滑行距离 MAX(e)	1
option. CD_SSA	跳跃升高系数 CL	[0.675, 1.5]
option. sigma	探索调整系数 σ	0.6966
option. beta	飞行搜索常数 β	2
option. a	步长控制变量	1/5
p	飞行中的空气密度 p	1.204
V	速度 V	5.25
S	松鼠身体表面积 S	154
CD	摩擦系数 CD	0.6
hg	滑行高度损失 h	8

资料来源：实验数据整理得出。

_____

① 以上"×"号表示仓库候选点与需求点的交互数据规模。此类下同。

表 7 - 7　　　　　　　　　　松鼠算法等 5 种算法求解结果

规模	结果	松鼠算法	改进粒子群算法	改进遗传算法	鸡群算法	狼群算法
10×13	最优解	174.29	176.80	228.28	177.68	177.46
	平均值解	184.78	189.14	236.26	207.96	183.20
	最差解	229.88	233.66	250.81	230.57	186.81
	中位数解	176.76	185.90	234.53	213.88	182.09
	次数（10）	285.19	75.67	76.22	79.33	502.82
10×33	最优解	828.68	828.95	880.46	848.19	828.24
	平均值解	858.08	861.86	903.85	868.60	860.28
	最差解	897.89	897.89	926.78	897.87	890.66
	中位数解	860.49	870.34	908.73	865.57	856.61
	次数（10）	702.07	200.96	197.86	207.66	1353.20
10×53	最优解	1643.29	1690.55	1929.38	1826.99	1656.70
	平均值解	1798.84	1781.00	1994.14	1876.82	1745.96
	最差解	2062.41	1890.64	2119.36	1955.49	1863.09
	中位数解	1783.97	1774.18	1987.04	1871.84	1729.78
	次数（10）	821.40	243.35	261.71	260.45	1690.63
10×73	最优解	2646.61	2778.48	2910.64	2795.32	2884.01
	平均值解	2681.28	2797.60	2992.27	2798.01	2891.86
	最差解	2765.17	2879.67	3153.99	2871.59	2959.94
	中位数解	2648.61	2820.62	3007.12	2798.20	2894.19
	次数（10）	1137.74	376.67	370.32	366.82	2479.26
10×93	最优解	3793.08	4061.67	4325.91	4124.98	4262.92
	平均值解	3947.16	4205.45	4469.70	4246.26	4316.09
	最差解	4097.60	4443.86	4612.45	4397.79	4682.72
	中位数解	3956.43	4209.49	4461.87	4214.80	4316.06
	次数（10）	1306.88	430.68	436.03	432.67	2538.81

资料来源：实验数据整理得出。

7.2 多渠道共同仓储共同配送选址布局问题

7.2.1 问题描述

由于不同渠道的订单出货量不同，在多渠道货物的共同配送活动中，配送车辆装载量会因不同的出货量产生新的装载和配送问题，进而影响配送路线和仓库位置的选择。

多渠道共同仓储共同配送问题是配送路径问题和仓库选址问题的混合优化问题，配送路径问题是车辆路径优化问题，仓库选址问题是混合整数规划问题，且两者之间相互影响，仓库位置的选择结果直接影响对应需求点的服务区域划分和配送路径的选择，需求点选择对应服务仓库的决策将直接影响仓库的选址方案成本。多种渠道间的货物对单位货物存储面积和配送车辆占用载重有差异，则会影响仓库的选址成本和配送路径选择。本书将两个问题作为一个整体进行研究，以成本作为路径和选址问题的切入点，以总成本最小化为目标，对该混合问题进行优化，得到仓库选址决策、相应的服务需求点和日常配送路线。

通过给定一组仓库候选站点、一组卡车、一组需求点及对应的渠道方式，确定一个区域内仓库的位置和面积、对应服务需求点、每条配送路径及对应配送的卡车，目标是将仓库租赁成本和运输成本的总成本降到最低（示例见图7-2）。

此外，该问题还有以下一些假设和考虑：（1）不同的产品渠道分布可在同一仓库候选点的不同作业区进行作业；（2）仓库候选场地可用面积有限，不同场地租金成本不同；（3）仓库与配送点之间的配送路线畅通，配送时间不受限制；（4）来自不同渠道的产品不会相互反应，可以一起存储和分发；（5）仓库可以有一定数量的卡车，但最佳数量的卡车需要决策；（6）配送方式可以是直接运输，也可以是环线运输。

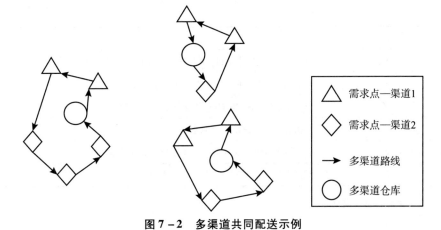

图7-2 多渠道共同配送示例

资料来源：笔者自绘。

7.2.2 数学模型

1. 模型参数

模型所涉及的参数说明见表7-8。

表7-8 参数和决策变量一览

参数	参数含义
C	仓库候选点 i 的集合，$i \in C$
P	渠道类型 p 的集合，$p \in P$
K	配送车辆 k 的集合，$k \in K$
D	需求点 j 的集合，$j \in D$
U	路径上所有点的集合，$U = C \cup D$，$i,j \in U$
D_{ij}	路径上点 i 到点 j 的距离
w_k	一辆配送车辆单位距离的运输成本
Q_p	每单位 p 渠道类型货物所需要的仓储面积
$Demand_{pi}$	需求点 i 对 p 渠道货物的需求数量
Cap_k	配送车辆 k 的最大载重量
$K_{\max}$	仓库候选点 i 可配的最多卡车数量
V_i	仓库候选点 i 的单位面积租金成本
Cap_i	仓库候选点 i 的最大可用面积

续表

决策变量	变量说明
X_{ijk}	$=1$，路径上的点 i 到 j 由配送车辆 k 运输；否则为 0
y_{jk}	$=1$，由配送车辆 k 负责点 j 的配送；否则为 0
Z_i	$=1$，仓库候选点 i 被选中为仓库；否则为 0
f_i	仓库候选点 i 的租赁总成本
S_{pi}	在仓库候选点 i 对 p 渠道类型货物的总面积需求
U_{jk}	配送车辆 k 当它到达 j 点时的载重量

资料来源：自设模型。

2. 目标函数

$$\min Z = \sum_{i \in U} \sum_{p \in P} \sum_{k \in K} \sum_{j \in U} X_{pijk} \cdot D_{ij} \cdot w_k + \sum_{i \in C} Z_i \cdot f_i \qquad (7-18)$$

该模型的目标函数式（7-18）是使运输成本和仓库租赁成本之和最小化。运输成本是所有卡车的总距离乘以单位距离配送卡车的运输成本。仓库租赁成本是在候选站点 i 中租赁仓库的成本 f_i 乘以是否为建造仓库选择了站点 Z_i。

3. 限制条件

$$\sum_{k \in K} y_{ik} \leq K_{\max} \cdot Z_i, \ i \in C \qquad (7-19)$$

$$Z_i \leq \sum_{k \in K} y_{ik}, \ i \in C \qquad (7-20)$$

$$\sum_{i \in D} y_{ik} \cdot \sum_{p \in P} Demand_{pi} \leq Cap_k, \ i \in D \qquad (7-21)$$

$$y_{ik} = \sum_{j \in U} X_{ijk}, \ i, j \in U \qquad (7-22)$$

$$y_{jk} = \sum_{i \in U} X_{ijk}, \ i, j \in U \qquad (7-23)$$

$$X_{ijk} = 0, \ i = j, \ i, j \in U \qquad (7-24)$$

$$f_i = \sum_{p \in P} S_{pi} \cdot V_i, \ i \in C \qquad (7-25)$$

$$\sum_{p \in P} S_{pi} \leq Cap_i, \ i \in C \qquad (7-26)$$

$$S_{pi} \geqslant \sum_{k \in K} \left[\left(\sum_{j \in D} X_{ijk} \right) \cdot \left(\sum_{j \in D} y_{jk} \cdot Demand_{pj} \right) \right] \cdot Q_p, \ i \in C \qquad (7-27)$$

$$\sum_{k \in K} y_{jk} = 1, \ j \in D \qquad (7-28)$$

$$U_{jk} \geqslant \sum_{i \notin C} X_{ijk} \cdot \sum_{p \in P} Demand_{pi} + \sum_{p \in P} Demand_{pj}, \ j \in U \qquad (7-29)$$

$$U_{jk} \leqslant Cap_k - \sum_{i \in C} X_{ijk} \cdot \left(Cap_k - \sum_{p \in P} Demand_{pj} \right), \ j \in U, \ i \in C$$

$$(7-30)$$

$$U_{jk} \geqslant U_{ik} + \sum_{p \in P} Demand_{pj} - Cap_k + Cap_k \cdot (X_{ijk} + X_{jik}) - X_{jik} \left(\sum_{p \in P} Demand_{pi} \right.$$

$$\left. + \sum_{p \in P} Demand_{pj} \right), \ p \in P, \ k \in K, \ j \in U, \ i \in U \qquad (7-31)$$

$$X_{ijk} = 1 \ or \ 0, \ i, j \in U \qquad (7-32)$$

$$y_{jk} = 1 \ or \ 0, \ j \in U \qquad (7-33)$$

$$Z_i = 1 \ or \ 0, \ i \in C \qquad (7-34)$$

4. 限制条件说明

限制条件（7-19）是指从仓库 i 发送的所有配送车的总量不应超过每个仓库候选点 i 的最大配送卡车总数。

限制条件（7-20）是指如果选择仓库候选点 i 来建立仓库，则至少会发送一辆卡车，否则不会发送任何一辆配送车。

限制条件（7-21）是指一条路线上所有需求点 j 服务的配送车辆 k 的总装载重量不应超过配送车辆 k 的装载能力。

限制条件（7-22）是指仓库 i 是否由配送车 k 提供服务。

限制条件（7-23）是指需求点 j 是否由配送车 k 提供服务。

限制条件（7-24）表示路径上的仓库站点不能为自己服务。

限制条件（7-25）是指仓库候选点 i 的租赁成本是该候选点所需的 p 型渠道产品的总面积乘以该候选点的单位面积租赁成本。

限制条件（7-26）是指仓库候选点 i 所需的 p 型渠道产品的总面积不应超过该候选点的最大可用面积。

限制条件（7-27）是指 p 型渠道产品在仓库候选点 i 所需的仓库总面积应大于或等于该候选点所服务需求点 j 的 p 型渠道产品数量之和。

限制条件（7-28）表示需求点 j 只能由一辆卡车提供服务。

限制条件（7-29）、限制条件（7-30）、限制条件（7-31）用来约束配送车辆 k 到达路径中 i、j 点的先后顺序。采用装货模式的路径设计替代卸货模式的路径设计，以缩小模型的搜索范围，提升求解效率。在路径装货模式下，限制条件（7-29）表示对于不属于仓库的路径中的点，车辆 k 离开 j 时应满足其所载重的货物载重量 U_{jk} 大于等于之前点的所有渠道产品需求量之和。限制条件（7-30）表示从仓库出发后到达的第一个 j 点，车辆 k 离开 j 的载重量 U_{jk} 应小于等于 j 点的所有渠道类型的需求量之和。限制条件（7-31）表示如果车辆 k 的行驶路径是从 i 到 j，那么车辆离开 j 点时的货物载重量 U_{jk} 大于等于离开 i 点时的载重量加上 j 点的所有渠道货物的需求量，如果车辆 k 没有从 i 到 j 的行驶路径，那么装载量大于负值，不定式恒成立。

限制条件（7-32）、限制条件（7-33）、限制条件（7-34）要求参数为 X_{ijk}、y_{jk}，Z_i 为 0 或 1 变量。

7.2.3 算例分析

1. 已知数据

以 10 个仓库候选点和 33 个需求点为算例，仓库候选点用数字编号 1 至 10 表示，用于确定多渠道配送中心的选址，需求点用数字编号 11 至 43 表示，其需要由仓库提供服务。需求点存在不同的渠道类型，且每个需求点对产品样式和包装都有特定的需求量（如表 7-9 所示）。此外，就成本和场地面积而言，每个仓库候选点具有不同的存储容量和租金（如表 7-10 所示），每个点之间的行驶距离详见附录表 1。

表 7-9   需求点需要的渠道类型货物及相应需求量

需求点	渠道类型 1 的需求量	渠道类型 2 的需求量	渠道类型
11	31	0	1
12	31	0	1
13	28	0	1
14	33	0	1

续表

需求点	渠道类型 1 的需求量	渠道类型 2 的需求量	渠道类型
15	14	0	1
16	10	0	1
17	2	0	1
18	2	0	1
19	12	0	1
20	30	0	1
21	3	0	1
22	3	0	1
23	4	0	1
24	31	0	1
25	40	0	1
26	0	19	2
27	0	11	2
28	0	18	2
29	0	2	2
30	0	2	2
31	0	32	2
32	0	3	2
33	0	40	2
34	0	15	2
35	0	4	2
36	0	6	2
37	0	28	2
38	0	3	2
39	0	24	2
40	0	29	2
41	5	0	1
42	3	0	1
43	2	0	1

资料来源：自设算例。

表 7－10   仓库候选点的可用面积、租金和可配车辆

仓库候选点	最大可用面积（平方米）	仓库租金（元/平方米·天）	最大可配车辆数（辆）
1	1000	2.5	5
2	1500	1.3	5
3	1600	0.8	5
4	1100	0.7	5
5	800	1.2	5
6	2000	1.1	5
7	1200	1.3	5
8	2800	1.0	5
9	3000	1.5	5
10	3200	0.6	5

资料来源：自设算例。

2. 算例结果

运用前述初始程序和前述松鼠算法的求解步骤，对上述 10 个仓库候选点和 33 个需求点的算例，根据多渠道共同仓储共同配送选址布局模型进行求解。根据 10 次实验取最优解，求解结果如表 7－11 和表 7－12 所示。选取 10 号候选点设立仓库，表 7－11 是 5 个车辆对应运输的访问节点数量、货物类型、承载货物数量、单次配送距离，表 7－12 是 5 个车辆的配送路线，目标函数值（总成本）为 820.08 元。

表 7－11   车辆配送货物类型及运输距离结果

车辆	访问节点数量	1 类型货物数量	2 类型货物数量	单次配送距离（公里）
1	13	196	34	104.88
2	2	0	13	40.10
3	5	43	39	26.12
4	5	3	82	33.44
5	8	42	68	36.57

资料来源：实验数据整理得出。

表 7 – 12　　　　　　　　　车辆的配送路线点情况

车辆	路线点 1	路线点 2	路线点 3	路线点 4	路线点 5	路线点 6	路线点 7	路线点 8	路线点 9	路线点 10
1	20	19	14	15	16	11	18	12	13	43
2	30	27	0	0	0	0	0	0	0	0
3	21	26	25	28	29	0	0	0	0	0
4	22	32	33	34	39	0	0	0	0	0
5	17	38	40	41	35	31	23	24	0	0

资料来源：实验数据整理得出。

7.2.4　实验结果

我们使用松鼠算法、狼群算法、鸡群算法、改进遗传算法和改进粒子群算法求解不同数据大小的算例。通过比较，发现松鼠算法在解决多渠道共同仓储共同配送选址布局模型上具有较佳的寻优性能。设计了 5 种不同规模的数据算例，5 种算法每个运行 10 次，每次执行 1000 次迭代，之后输出结果如表 7 – 13 所示。在 10 × 13、10 × 33、10 × 53、10 × 73、10 × 93 的数据量中，松鼠算法的平均值解、最差解均优于其他 4 种算法，求解稳定性高于其他算法，运行时间在 5 种算法中排名第四位，在最优解方面，松鼠算法在 10 × 33、10 × 53、10 × 73、10 × 93 的数据量中优于其他 4 种算法，仅在 10 × 13 的数据量中松鼠算法值差于狼群算法。因此，通过五个不同规模的算例计算结果综合分析来看（见表 7 – 13），可以清楚地看到松鼠算法比其他 4 种算法更好地找到多渠道共同仓储共同配送选址布局模型的近似最优解，寻优能力更稳定，对于大数据量算例，寻优效果也非常好。

表 7 – 13　　　　　　不同数据规模下 5 种算法的求解结果

规模	结果	松鼠算法	改进粒子群算法	改进遗传算法	鸡群算法	狼群算法
	最优解	175.36	172.77	195.26	182.95	175.32
10 × 13	平均值解	176.89	189.90	220.35	203.73	181.20
	最差解	184.79	230.49	237.81	227.06	186.16

续表

规模	结果	松鼠算法	改进粒子群算法	改进遗传算法	鸡群算法	狼群算法
10×13	中位数解	176.19	182.27	226.16	204.58	180.83
	次数（10）	298.54	79.40	77.71	80.73	478.80
10×33	最优解	820.08	840.64	928.88	928.88	866.95
	平均值解	867.89	880.84	971.35	971.35	899.20
	最差解	897.35	920.57	1081.63	1081.63	963.54
	中位数解	873.55	887.03	955.17	955.17	896.97
	次数（10）	497.16	145.57	144.91	146.92	922.79
10×53	最优解	1690.40	1734.36	1913.73	1856.72	1699.73
	平均值解	1761.03	1806.87	1986.71	1895.66	1788.29
	最差解	1849.35	1862.48	2083.31	1939.07	1858.72
	中位数解	1731.94	1800.65	1974.88	1889.51	1797.32
	次数（10）	704.82	203.35	222.70	226.72	1516.33
10×73	最优解	2606.65	2748.19	2819.72	2740.55	2874.35
	平均值解	2709.87	2818.34	2994.97	2822.31	2991.70
	最差解	2957.05	2984.48	3232.22	2972.84	3143.21
	中位数解	2676.64	2792.83	3016.26	2813.19	2990.78
	次数（10）	904.86	286.22	292.90	292.79	2197.35
10×93	最优解	3711.31	3985.97	4159.20	4109.01	4198.96
	平均值解	3981.67	4153.04	4406.47	4232.03	4351.36
	最差解	4143.97	4294.66	4615.12	4345.60	4661.27
	中位数解	4006.48	4152.54	4393.22	4247.52	4338.90
	次数（10）	1075.53	347.88	348.79	354.08	2463.49

资料来源：实验数据整理得出。

7.2.5　比较分析结果

将多渠道共同仓储共同配送选址布局模型与共同仓储分类配送选址布局模型的求解结果进行比较分析，图7－3至图7－7分别是10×23、10×33、10×53、10×73、10×93数据规模下的分类配送与共同配送比较结果，实折线是不同算法下分类配送的最优解成本值，虚折线是不同算法下共同配送的最优解成本值。在 10×23、10×33、10×53 等中小数据规模下，共同配送的成本优势并不是非常明显，但随着数据量的加大，在 10×73、10×93 大数据量的算例中，共同配送的成本明显低于分类配送，体现了较好的规模效应。因此，根据算例实验结果，多渠道共同配送的选择在配送网点较多的情况下会有较好地降低成本的作用。

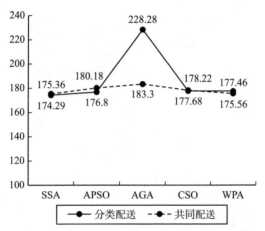

注：SSA——松鼠算法；APSO——改进粒子群算法；AGA——改进遗传算法；CSO——鸡群算法；WPA——狼群算法。下同。

图 7 - 3　10 × 13 数据规模下比较结果

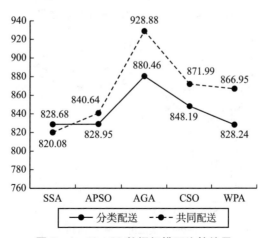

图 7 - 4　10 × 33 数据规模下比较结果

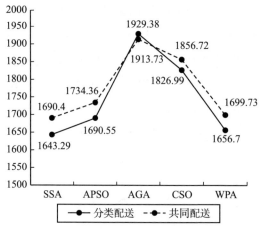

图 7 - 5　10 × 53 数据规模下比较结果

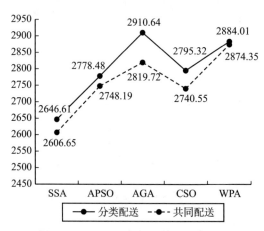

图 7 - 6　10 × 73 数据规模下比较结果

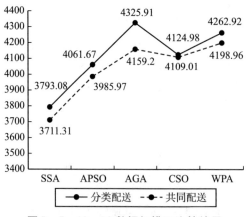

图 7 - 7　10 × 93 数据规模下比较结果

7.3　考虑时间窗的共同仓储多渠道共同配送选址布局问题

7.3.1　问题描述

由于不同渠道对时间的要求不同，为满足多渠道不同的配送时间，需要重新对配送路线以时间窗为条件进行优化设计，又同时需要约束多渠道的共同仓储和共同配送总成本，因而产生"时间和成本"的双目标优化问题。

在 7.2 节解决的多渠道共同仓储共同配送选址布局问题中，需求点被假设为任何时间点均可接收配送车辆送货，但是在实际的配送活动中，受工作时间、车辆限停时间等因素限制，需求点对收货时间往往是有具体要求的，时间的约束将影响配送路径的设计和仓库位置的选址。

在 7.2 节所述的模型中也没有考虑需求点的卸货服务时间，在实际配送操作中，不同的需求点人数不同，订购货物数量的不同往往导致不同的卸货服务时间，而路径上的需求点服务时间不同又影响着下一个需求点的到达时间。形成路径上的需求点之间配送时间相互关联的特点，影响着配送路径的设计。

根据配送任务，对配送车辆的合理分配也决定着配送路径的运行效率。不同的配送车辆有不同的行驶速度和装载能力，为需求点分派配送车辆也是配送路径设计中的一个重要问题。在时间窗情况下，配送车辆的行驶速度影响着两点之间的运输时间，进而影响车辆到达需求点的时间。在分派配送车辆时需要考虑不同车辆的配送能力和时效。

综上，考虑时间窗的共同仓储多渠道共同配送选址布局模型更接近实际配送作业。在原先的共同仓储多渠道共同配送选址布局模型的基础上，添加需求点收货时间窗，结合每个需求点的最早服务时间、最迟服务时间以及车辆的行驶时间，以配送和仓储总成本最小为目标，将车辆到达时间是否在约定接收时间内与配送时间完成效率挂钩，同时将配送时间完成效率设置为目标函数的反向关系，寻优配送路径和合理分配车辆资源，并使车辆到达需求点的时间和离开时间尽量符合每个需求点允许收货的时间区间，达到满足时间窗和成本最低的双目标。

7.3.2 数学模型

1. 模型参数

模型所涉及的参数说明见表 7 – 14。

表 7 – 14　　　　　　　　　　参数和决策变量一览

参数	参数含义
C	仓库候选点 i 的集合，$i \in C$
P	渠道类型 p 的集合，$p \in P$
K	配送车辆 k 的集合，$k \in K$
D	需求点 j 的集合，$j \in D$
U	路径上所有点的集合，$U = C \cup D$，$i, j \in U$
D_{ij}	路径上点 i 到点 j 的距离
w_k	一辆配送车辆单位距离的运输成本
Q_p	每单位 p 渠道类型货物所需要的仓储面积
$Demand_{pi}$	需求点 i 对 p 渠道货物的需求数量
Cap_k	配送车辆 k 的最大载重量
$K_{\max}$	仓库候选点 i 可配的最多卡车数量
V_i	仓库候选点 i 的单位面积租金成本
Cap_i	仓库候选点 i 的最大可用面积
$[a_i, l_i]$	需求点 i 的允许送货完成服务时间窗，$i \in D$
v_{ij}^k	配送车辆 k 从 i 点到 j 点进行配送时的车速，$k \in K$，$i, j \in U$
S_0	每个配送点的平均时间完成效率
S_j	第 j 个配送点的时间完成效率
Ht_i	需求点 i 的最早服务完成时间点（硬时间窗）
St_i	需求点 i 的最迟服务完成时间点（最大软时间窗）

续表

决策变量	变量说明
X_{ijk}	$=1$，路径上的点 i 到 j 由配送车辆 k 运输，否则为 0
y_{jk}	$=1$，由配送车辆 k 负责点 j 的配送，否则为 0
Z_i	$=1$，仓库候选点 i 被选中为仓库，否则为 0
f_i	仓库候选点 i 的租赁总成本
S_{pi}	在仓库候选点 i 对 p 渠道类型货物的总面积需求
U_{pjk}	配送车辆 k 到达 j 点时的载重量
e_i^k	配送车辆 k 到需求点 i 的送货完成时间点，$k \in K$，$i \in D$
s_i	需求点 i 的卸货时间，$i \in D$
t_{ij}^k	路径上点 i 到点 j 的配送车辆 k 行驶时间，i，$j \in U$

资料来源：自设模型。

2. 目标函数

$$\min Z = \left(\sum_{i \in U} \sum_{k \in K} \sum_{j \in U} X_{ijk} \cdot D_{ij} \cdot w_k + \sum_{i \in C} Z_i \cdot f_i \right) / S_0 \qquad (7-35)$$

目标函数由仓配总成本与时间完成效率共同组成。总成本分为两部分，第一部分是配送成本，用路径上所有点之间的运输距离乘以所承运车辆的单位距离运输成本 w_k；第二部分是仓储成本，用仓库候选点 i 的租赁总成本乘以是否选址该点作为仓库的决策变量 Z_i。时间完成效率 S_0 是配送点的平均时间完成效率。时间完成效率越高，目标函数值越小，可以有效达到成本最小与满足配送时间窗的双重要求。

3. 限制条件

$$\sum_{k \in K} y_{ik} \leq K_{\max} \cdot Z_i, \ i \in C \qquad (7-36)$$

$$Z_i \leq \sum_{k \in K} y_{ik}, \ i \in C \qquad (7-37)$$

$$\sum_{i \in D} y_{ik} \cdot \sum_{p \in P} Demand_{pi} \leq Cap_k, \ i \in D \qquad (7-38)$$

$$y_{ik} = \sum_{j \in U} X_{ijk}, \ i, j \in U \qquad (7-39)$$

$$y_{jk} = \sum_{i \in U} X_{ijk}, \ i, j \in U \qquad (7-40)$$

$$X_{ijk} = 0, \ i = j, \ i, \ j \in U \tag{7-41}$$

$$f_i = \sum_{p \in P} S_{pi} \cdot V_i, \ i \in C \tag{7-42}$$

$$\sum_{p \in P} S_{pi} \leqslant Cap_i, \ i \in C \tag{7-43}$$

$$S_{pi} \geqslant \sum_{k \in K} \left[\left(\sum_{j \in D} X_{ijk} \right) \cdot \left(\sum_{j \in D} y_{jk} \cdot Demand_{pj} \right) \right] \cdot Q_p, \ i \in C$$
$$\tag{7-44}$$

$$\sum_{k \in K} y_{jk} = 1, \ j \in D \tag{7-45}$$

$$U_{jk} \geqslant \sum_{i \notin C} X_{ijk} \cdot \sum_{p \in P} Demand_{pi} + \sum_{p \in P} Demand_{pj}, \ j \in U \tag{7-46}$$

$$U_{jk} \leqslant Cap_k - \sum_{i \in C} X_{ijk} \cdot \left(Cap_k - \sum_{p \in P} Demand_{pj} \right), \ j \in U, \ i \in C$$
$$\tag{7-47}$$

$$U_{jk} \geqslant U_{ik} + \sum_{p \in P} Demand_{pj} - Cap_k + Cap_k \cdot (X_{ijk} + X_{jik}) - X_{jik} \left(\sum_{p \in P} Demand_{pi} \right.$$
$$\left. + \sum_{p \in P} Demand_{pj} \right), \ p \in P, \ k \in K, \ j \in U, \ i \in U \tag{7-48}$$

$$e_{i+1}^k = e_i^k + t_{i,i+1}^k + s_{i+1}, \ k \in K, \ i \in D \tag{7-49}$$

$$S_i = \begin{cases} 0, \ e_i^k < Ht_i \ 或 \ e_i^k > St_i, \ i \in D \\ \\ \left| \dfrac{e_i^k - a_i}{Ht_i - a_i} \right|, \ Ht_i \leqslant e_i^k < a_i, \ i \in D \\ \\ \left| \dfrac{e_i^k - l_i}{St_i - l_i} \right|, \ l_i < e_i^k \leqslant St_i, \ i \in D \\ \\ 1, \ a_i \leqslant e_i^k \leqslant l_i, \ i \in D \end{cases} \tag{7-50}$$

$$S_0 = \sum_{j \in D} \frac{S_j}{D} \tag{7-51}$$

$$t_{ij}^k = X_{ijk} \cdot D_{ij} / v_{ij}^k \tag{7-52}$$

$$X_{ijk} = 1 \ or \ 0, \ i, \ j \in U \tag{7-53}$$

$$y_{jk} = 1 \ or \ 0, \ j \in U \tag{7-54}$$

$$Z_i = 1 \ or \ 0, \ i \in C \tag{7-55}$$

$$e_i^k \geqslant 0, \ s_i \geqslant 0, \ t_{ij}^k \geqslant 0, \ k \in K, \ i, \ j \in U \tag{7-56}$$

4. 常规限制条件说明

限制条件（7-36）是指从仓库 i 发送的所有配送车的总量不应超过

每个仓库候选点 i 的最大配送车辆总数。

限制条件（7 - 37）是指如果选择仓库候选点 i 来建立仓库，则至少会发送一辆配送车，否则不会发送任何一辆配送车。

限制条件（7 - 38）是指配送车辆 k 一次配送的总装载重量不应超过配送车辆 k 的装载能力。

限制条件（7 - 39）是指仓库 i 是否发出配送车 k。

限制条件（7 - 40）是指需求点 j 是否由配送车 k 提供配送服务。

限制条件（7 - 41）表示路径上的仓库候选点不能为自己服务。

限制条件（7 - 42）是指仓库候选点 i 的租赁成本是该候选点所需的 p 型渠道产品的总面积乘以该候选点的单位面积租赁成本。

限制条件（7 - 43）是指仓库候选点 i 所需的 p 型渠道产品的总面积不应超过该候选点的最大可用面积。

限制条件（7 - 44）是指 p 型渠道产品在仓库候选点 i 所需的仓库总面积应大于或等于该候选点所服务需求点 j 的 p 型渠道产品数量之和。

限制条件（7 - 45）表示需求点 j 只能由一辆卡车提供服务。

限制条件（7 - 46）、限制条件（7 - 47）、限制条件（7 - 48）用来约束配送车辆 k 到达路径中 i、j 点的先后顺序。采用装货模式的路径设计替代卸货模式的路径设计，以缩小模型的搜索范围，提升求解效率。在路径装货模式下，限制条件（7 - 46）表示对于不属于仓库的路径中的点，车辆 k 离开 j 时应满足其所载重的货物载重量 U_{jk} 大于等于之前点的所有渠道产品需求量之和。限制条件（7 - 47）表示从仓库出发后到达的第一个 j 点，车辆 k 离开 j 的载重量 U_{jk} 应小于等于 j 点的所有渠道类型的需求量之和。限制条件（7 - 48）表示如果车辆 k 的行驶路径是从 i 到 j，那么车辆离开 j 点时的货物载重量 U_{jk} 大于等于离开 i 点时的载重量加上 j 点的所有渠道货物的需求量，如果车辆 k 没有从 i 到 j 的行驶路径，那么装载量大于负值，不定式恒成立。

5. 时间窗限制条件说明

限制条件（7 - 49）表示如果配送车辆 k 对应服务需求点 $i+1$，那么配送车辆 k 到需求点 $i+1$ 的完成时间点 e_{i+1}^{k}，等于配送车辆 k 到需求点 i

的完成时间点 e_i^k 加上配送车辆 k 在需求点 $i+1$ 的服务时间以及配送车辆 k 到从需求点 i 行驶到需求点 $i+1$ 的行驶时间 $t_{i,i+1}^k$。

限制条件（7-50）是与软硬时间窗相关的配送点服务时间完成效率计算分段函数，如果车辆在需求点的完成时间小于最早时间点（硬时间窗）Ht_i 或大于最迟时间点（最大软时间窗）St_i，则时间完成效率为 0；如果车辆在需求点的完成时间大于等于最早可服务时间点（硬时间窗）Ht_i 但小于约定开始服务时间 a_i，则时间完成效率为现在到达时间与约定开始服务时间 a_i 的偏差比值。如果车辆在需求点的完成时间大于约定结束服务时间 l_i，小于最迟时间点（最大软时间窗）St_i，则时间完成效率为现在车辆在需求点的完成时间与约定结束服务时间 l_i 的偏差比值。如果车辆在需求点的完成时间处于约定开始服务时间 a_i 和约定结束服务时间 l_i 之间，则时间完成效率为 1。

限制条件（7-51）表示总的配送时间完成效率 S_0 是每个配送点时间完成效率的平均值 S_j。

限制条件（7-52）表示如配送车辆 k 对应服务需求点 i，路径上点 i 到点 j 的行驶时间 t_{ij} 等于两点间的距离除以配送车辆 k 平均车速。

6. 变量属性约束说明

限制条件（7-53）、限制条件（7-54）、限制条件（7-55）要求参数为 X_{ijk}、y_{jk}，Z_i 为 0 或 1 变量。

限制条件（7-56）要求 e_i^k、g_i^k、s_i、t_{ij} 均大于等于 0。

7.3.3　算例分析

1. 已知数据

每个需求点的货物需求信息、卸货时间、最早可服务时间点 Ht_i（硬时间窗 1）、约定服务时间点 (a_i, l_i)，即软时间窗 1、2，最迟可接收时间 St_i（软时间窗）如表 7-15 所示。每个仓库候选点的可用面积、租金和可配车辆如表 7-16 所示。需求点与需求点、仓库与需求点之间的距离如附录表 1 所示。

表 7 – 15　　　　　　　　　各需求点的时间窗计划

需求点	P = 1（托盘）	P = 2（件）	预计卸货时间（小时）	硬时间窗 1 Ht_i	软时间窗 1 a_i	软时间窗 2 l_i	软时间窗 3 St_i
11	31	0	1	0.5	1	6	16
12	31	0	1	0.5	1	6	16
13	28	0	1	0.5	1	6	16
14	33	0	1	0.5	1	6	16
15	14	0	1	0.5	1	6	16
16	10	0	1	0.5	1	6	16
17	2	0	1	0.5	1	6	16
18	2	0	1	0.5	1	6	16
19	12	0	1	0.5	1	6	16
20	30	0	1	0.5	1	6	16
21	3	0	1	0.5	1	6	16
22	3	0	1	0.5	1	6	16
23	4	0	1	0.5	1	6	16
24	31	0	1	0.5	1	6	16
25	40	0	1	0.5	1	6	16
26	0	19	1	0.5	1	6	16
27	0	11	1	0.5	1	6	16
28	0	18	1	0.5	1	6	16
29	0	2	1	0.5	1	6	16
30	0	2	1	0.5	1	6	16
31	0	32	1	0.5	1	6	16
32	0	3	1	0.5	1	6	16
33	0	40	1	0.5	1	6	16
34	0	15	1	0.5	1	6	16
35	0	4	1	0.5	1	6	16
36	0	6	1	0.5	1	6	16
37	0	28	1	0.5	1	6	16
38	0	3	1	0.5	1	6	16
39	0	24	1	0.5	1	6	16

续表

需求点	P = 1（托盘）	P = 2（件）	预计卸货时间（小时）	硬时间窗 1 Ht_i	软时间窗 1 a_i	软时间窗 2 l_i	软时间窗 3 St_i
40	0	29	1	0.5	1	6	16
41	5	0	1	0.5	1	6	16
42	3	0	1	0.5	1	6	16
43	2	0	1	0.5	1	6	16

资料来源：自设算例。

表 7 - 16　　　　　　　　仓库候选点的可用面积、租金和可配车辆

仓库候选点	最大可用面积（平方米）	仓库租金（元/平方米·天）	最大可配车辆数（辆）
1	1000	2.5	5
2	1500	1.3	5
3	1600	0.8	5
4	1100	0.7	5
5	800	1.2	5
6	2000	1.1	5
7	1200	1.3	5
8	2800	1.0	5
9	3000	1.5	5
10	3200	0.6	5

资料来源：自设算例。

2. 算例结果

运用本书 7.1.3 节中初始程序和 5.1.3 节中松鼠算法的求解步骤，对上述 10 个仓库候选点和 33 个需求点的算例进行求解，根据 10 次实验取最优解，选取 3 号候选点、10 号候选点设立仓库（如表 7 - 17 至表 7 - 20 所示）。表 7 - 17 是 3 号候选仓库对应车辆运输的访问节点数量、承载货物数量、单次配送距离；表 7 - 18 是 3 号候选仓库对应车辆配送路线，3 号仓配选 4 辆车；表 7 - 19 是 10 号候选仓库对应车辆运输的访问节点数

量、承载货物数量、单次配送距离；表 7 - 20 是 10 号候选仓库对应车辆配送路线，10 号仓配 4 辆车。各需求点的配送时间与时间完成效率如表 7 - 21 所示，该配送方案的目标函数值（总成本）为 1023.82 元，时间完成效率为 1。

表 7 - 17　　　3 号候选仓库对应车辆配送货物类型及运输距离结果

车辆	访问节点数量	1 类型货物数量	2 类型货物数量	单次配送距离（公里）
1	4	57	0	44.51
2	4	35	34	73.39
3	4	101	0	74.12
4	2	3	3	54.14

资料来源：实验数据整理得出。

表 7 - 18　　　　3 号候选仓库对应车辆的配送路线点情况

车辆	路线点 1	路线点 2	路线点 3	路线点 4	路线点 5
1	12	18	15	16	0
2	43	37	36	14	0
3	20	19	11	13	0
4	38	42	0	0	0

资料来源：实验数据整理得出。

表 7 - 19　　10 号候选仓库对应车辆配送货物类型及运输距离结果

车辆	访问节点数量	1 类型货物数量	2 类型货物数量	单次配送距离（公里）
1	4	35	6	55.83
2	5	0	96	37.55
3	5	8	40	30.26
4	5	45	57	36.78

资料来源：实验数据整理得出。

表7－20   10号候选仓库对应车辆的配送路线点情况

车辆	路线点1	路线点2	路线点3	路线点4	路线点5
1	35	23	24	30	0
2	29	26	31	32	33
3	27	21	22	40	17
4	39	41	34	25	28

资料来源：实验数据整理得出。

表7－21   各需求点的配送时间与时间完成效率

需求点	送货完成时间 e_i^k	时间完成效率 S_i	预计卸货时间（小时）	硬时间窗1	软时间窗1	软时间窗2	软时间窗3
11	4.30	1.00	1	0.5	1	6	16
12	1.53	1.00	1	0.5	1	6	16
13	5.36	1.00	1	0.5	1	6	16
14	5.33	1.00	1	0.5	1	6	16
15	3.58	1.00	1	0.5	1	6	16
16	4.58	1.00	1	0.5	1	6	16
17	5.63	1.00	1	0.5	1	6	16
18	2.56	1.00	1	0.5	1	6	16
19	3.14	1.00	1	0.5	1	6	16
20	1.90	1.00	1	0.5	1	6	16
21	2.26	1.00	1	0.5	1	6	16
22	3.33	1.00	1	0.5	1	6	16
23	2.40	1.00	1	0.5	1	6	16
24	3.44	1.00	1	0.5	1	6	16
25	4.60	1.00	1	0.5	1	6	16
26	2.34	1.00	1	0.5	1	6	16
27	1.15	1.00	1	0.5	1	6	16
28	5.75	1.00	1	0.5	1	6	16
29	1.15	1.00	1	0.5	1	6	16
30	4.90	1.00	1	0.5	1	6	16

续表

需求点	送货完成时间 e_i^k	时间完成效率 S_i	预计卸货时间（小时）	硬时间窗1	软时间窗1	软时间窗2	软时间窗3
31	3.49	1.00	1	0.5	1	6	16
32	4.51	1.00	1	0.5	1	6	16
33	5.56	1.00	1	0.5	1	6	16
34	3.37	1.00	1	0.5	1	6	16
35	1.31	1.00	1	0.5	1	6	16
36	3.70	1.00	1	0.5	1	6	16
37	2.63	1.00	1	0.5	1	6	16
38	1.68	1.00	1	0.5	1	6	16
39	1.23	1.00	1	0.5	1	6	16
40	4.48	1.00	1	0.5	1	6	16
41	2.28	1.00	1	0.5	1	6	16
42	2.81	1.00	1	0.5	1	6	16
43	1.23	1.00	1	0.5	1	6	16

资料来源：实验数据整理得出。

7.3.4 实验结果

采用松鼠算法、狼群算法、鸡群算法、改进遗传算法和改进粒子群算法来求解时间窗条件下共同仓储共同配送选址布局模型。5种算法运行10次，每次1000次迭代，输出结果如表7-22所示。在10×13、10×33、10×53、10×73、10×93的数据量中，松鼠算法的最优解、平均值解、最差解、中位数解均优于其他4种算法，求解稳定性高于其他算法，运行时间在5种算法中排名第四位，少于狼群算法。因此，综合分析5个不同规模的算例求解结果，松鼠算法比其他4种算法更好地找到多渠道共同仓储共同配送选址布局模型的近似最优解，寻优能力更稳定，对于大数据量算例寻优效果也非常好。

表7-22   不同数据规模下5种算法的求解结果

规模	结果	松鼠算法	改进粒子群算法	改进遗传算法	鸡群算法	狼群算法
10×13	最优解	225.75	229.02	227.62	226.66	227.15
	平均值解	226.80	235.89	253.34	231.89	232.53
	最差解	229.24	244.17	285.51	240.05	240.59
	中位数解	226.62	237.39	260.09	231.84	231.86
	次数（10）	997.40	276.54	269.80	275.03	2216.26
10×33	最优解	1023.82	1045.34	1101.57	1045.78	1081.15
	平均值解	1067.59	1101.01	1175.62	1073.25	1129.51
	最差解	1148.07	1152.34	1258.68	1130.05	1162.82
	中位数解	1061.26	1106.71	1174.83	1072.36	1136.22
	次数（10）	1111.50	301.15	335.55	359.67	2078.14
10×53	最优解	2099.66	2211.38	2303.31	2096.97	2389.61
	平均值解	2191.58	2361.13	2427.04	2305.26	2461.44
	最差解	2297.26	2648.55	2643.81	2669.60	2595.11
	中位数解	2186.69	2342.83	2393.48	2265.50	2451.08
	次数（10）	1098.11	351.56	358.77	366.86	2471.37
10×73	最优解	3270.64	3611.38	3531.92	3547.04	3687.64
	平均值解	3485.94	3786.80	3655.94	3863.75	3893.35
	最差解	3597.42	4103.18	3918.77	4165.65	4128.85
	中位数解	3501.19	3768.78	3604.21	3852.54	3916.60
	次数（10）	2866.76	973.84	972.20	968.80	6365.26
10×93	最优解	4789.20	5132.77	5311.89	5196.20	5618.54
	平均值解	5160.04	5404.58	5648.84	5615.16	5847.26
	最差解	5461.17	5821.07	5910.29	5842.58	6128.73
	中位数解	5147.29	5320.58	5635.41	5632.35	5817.87
	次数（10）	3326.43	1116.46	1109.59	1105.34	7066.79

资料来源：实验数据整理得出。

第8章 多渠道仓库存储位分配优化问题

8.1 基于货架稳定性因素的多渠道仓库存储位分配优化问题

8.1.1 问题描述

考虑到不同渠道货物的存储形式对货架的稳定性有不同影响，不同的出货频率对货位与出货区域的距离要求不同，需将不同渠道货物的存储形式作为货架重心形成的约束条件，满足货架稳定性，最小化不同渠道类型货物的存取移动距离，实现多渠道仓库存储位分派优化。

每个存储区域的存储位是有限的，不同类型的货物，每单位货物的存储重量有差异，且每层货架都有最大载重量限制。出于货架稳定性和安全性的考虑，货架的垂直和水平物理重心要符合货架设计的安全要求，过载和偏载都会给仓储工作带来安全风险。不同类型的货物出货频率不同，不同的出货频率和出货距离给仓库带来不同的运作成本和效率，因此，一般出货频率越高的货物应该尽可能靠近出货区域。在对有限的货位进行分配时，应充分考虑各种类型货物的不同出货频率，使仓库运输总距离最小。

基于货架稳定性因素的多渠道仓库存储位分配优化问题，是以货架稳定性为约束条件，以仓库运输总距离最小化为目标，求解有限存储位的最优分配方案。其中货架稳定性约束为垂直重心低于货架安全层高，水平重心在货架安全水平位偏离允许区间。货架的垂直重心取决于同一货架上每层所放置的货物重量和高度，以累计单个货物的层高乘以其重量、除以货架上的货物总重量得到；货架的水平重心取决于同一货架上每列所放置的货物重量和高度，以累计单个货物的列宽乘以其重量、除以货架上的货物总重量得到。

8.1.2 数学模型

1. 模型参数

模型所涉及的参数说明见表8-1。

表8-1　　　　　　　　　　参数一览

参数	含义
P	货品类型总数
I	一排货架上的总列数
J	一排货架上的总层数
R	规划区域货架的总排数
L	一排货架上的相邻列与列之间的宽度
H	一排货架上的相邻层与层之间的高度
p	第 p 类货
i	第 i 列
j	第 j 层
r	第 r 排货架
m_r	第 r 排货架与出货口的通道宽度
f^p	第 p 类货的取货频率
W^p	第 p 类货加托盘的总重量
x_{ijr}^p	第 p 类货是否存放在第 r 排、第 i 列、第 j 层的货位上
d_{ijr}	取一次货从第 r 排、第 i 列、第 j 层的货位取货到出货口的移动距离
W_{ijr}	第 r 排、第 i 列、第 j 层的货位上存放的货物重量
G_{Xr}	第 r 排货架的水平重心位置

参数	含义
G_{Yr}	第 r 排货架的垂直重心位置
ε_r	第 r 排货架的水平最大安全偏移距离
δ_r	第 r 排货架的垂直安全重心高度
W_{jr}^{max}	第 r 排货架每层的标准最大载重量
Cap_r	第 r 排货架的最大货物数
V_p	第 p 类货的货物总量

资料来源：自设模型。

2. 目标函数

$$\min Z = \sum_{p=1}^{P} f^p \sum_{r=1}^{R} \sum_{i=1}^{I} \sum_{j=1}^{J} x_{ijr}^p \cdot d_{ijr} \qquad (8-1)$$

目标函数是货架取货运输总距离最小，是存放第 p 类货品的货架与出货口的距离乘以第 p 类货的取货频率之和。

3. 限制条件

$$\sum_{p=1}^{P} W^p \cdot x_{ijr}^p = W_{ijr} \qquad (8-2)$$

$$\sum_{i=1}^{I} W_{ijr} \leqslant W_{jr}^{max} \qquad (8-3)$$

$$\frac{\sum_{j=1}^{J} \sum_{i=1}^{I} W_{ijr} \cdot \left(i - \frac{1}{2}\right) \cdot L}{\sum_{j=1}^{J} \sum_{i=1}^{I} W_{ijr}} = G_{Xr} \qquad (8-4)$$

$$\frac{\sum_{j=1}^{J} \sum_{i=1}^{I} W_{ijr} \cdot \left(j - \frac{1}{2}\right) \cdot H}{\sum_{j=1}^{J} \sum_{i=1}^{I} W_{ijr}} = G_{Yr} \qquad (8-5)$$

$$\left| G_{Xr} - \frac{I \times L}{2} \right| \leqslant \varepsilon_r \qquad (8-6)$$

$$G_{Yr} \leqslant \delta_r \qquad (8-7)$$

$$\sum_{j=1}^{J}\sum_{i=1}^{I}\sum_{p=1}^{P} x_{ijr}^{p} \leqslant Cap_r \qquad (8-8)$$

$$\sum_{p=1}^{P} x_{ijr}^{p} \leqslant 1 \qquad (8-9)$$

$$d_{ijr} = 2(j-1)H + 2\left(i-\frac{1}{2}\right)L + 2m_r \qquad (8-10)$$

$$x_{ijr}^{p} = 1 \ or \ 0 \qquad (8-11)$$

$$\sum_{j=1}^{J}\sum_{i=1}^{I}\sum_{r=1}^{R} x_{ijr}^{p} = V_p \qquad (8-12)$$

4. 限制条件说明

限制条件 (8-2)：第 r 排、第 i 列、第 j 层的货位上存放的货物重量（W_{ijr}）是第 p 类货加托盘的总重量（W^p）乘以其是否放置在该货位上（x_{ijr}^p）。

限制条件 (8-3)：第 r 排所有货位上存放的货物重量之和小于等于单排货架的最大载重量。

限制条件 (8-4)：第 r 排货架的水平重心位置是该排所有货位所放货物的重量 W_{ijr} 乘以水平位置 $\left(i-\frac{1}{2}\right)\cdot L$，再除以所有货位的货物重量之和（$\sum_{j=1}^{J}\sum_{i=1}^{I}W_{ijr}$）。

限制条件 (8-5)：第 r 排货架的垂直重心位置是该排所有货位所放货物的重量 W_{ijr} 乘以垂直位置 $\left(j-\frac{1}{2}\right)\cdot H$，再除以所有货位的货物重量之和（$\sum_{j=1}^{J}\sum_{i=1}^{I}W_{ijr}$）。

限制条件 (8-6)：第 r 排货架的水平重心位置偏离水平中心的距离 $\left|G_{Xr}-\frac{I\times L}{2}\right|$ 应在货架规定的水平最大安全偏移距离 ε_r 以内。

限制条件 (8-7)：第 r 排货架的垂直重心位置应在货架的垂直安全重心高度 δ_r 以下。

限制条件 (8-8)：所有第 r 排是否放置在该货位上，即 x_{ijr}^p 之和应小于等于第 r 排货物总数 Cap_r。

限制条件 (8-9)：一个货位上最多只允许存放一种单位类型货物。

限制条件（8 - 10）：取一次货从第 r 排、第 i 列、第 j 层的货位取货到出货口的移动距离，等于取货设备从出货口开始水平移动到相应列货位、向上垂直移动到相应层货位、取到货后垂直下降到地面水平高度、再水平移动返回出货口的距离，具体取货移动距离计算如图 8 - 1 所示。

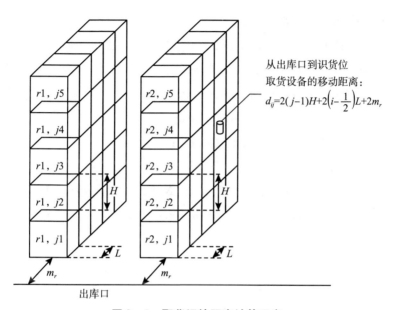

图 8 - 1　取货运输距离计算示意

资料来源：笔者自绘。

8.1.3　初始程序

针对多渠道仓库存储位分配优化问题，原子搜索算法的初始化方式通过随机生成货物类型数 + 货位数规模的 x 随机矩阵，对 x 随机矩阵的货位数规模和货物类型数进行排序；生成一组所有货物类型存放到相应货位的存放方案；假设 7 种货物类型，200 个货物，随机矩阵产生 207 个值，第 1 至 7 个值代表货物类型随机数，第 8 至 207 个值代表货位随机数，根据随机数解码最终形成初始化的原子位置和速度。

priority_Goods = x(1 : data. P_numTypeGoods) ;

priority_ShelfSpace0 = x(data. P_numTypeGoods + 1 : end) ;

[~ , temp] = sort(priority_ShelfSpace0) ;

```
S_positionTemp = zeros( length( temp) ,3) ;

S_positionTemp( :,1) = ceil( temp/data. I_numColumn/data. J_numLayer) ;

S_positionTemp ( :,2) = ceil ( rem ( temp, data. I_numColumn * data. J_
numLayer)/data. J_numLayer) ;

S_positionTemp ( :,3) = rem ( rem ( temp, data. I_numColumn * data. J_
numLayer) ,data. J_numLayer) ;

S_positionTemp( find( S_positionTemp( :,2) = =0) ,2) = data. I_numColumn;

S_positionTemp( find( S_positionTemp( :,3) = =0) ,3) = data. J_numLayer;

positionShelf = zeros( length( temp) ,10) ;

positionShelf( :,1:3) = S_positionTemp;

[ ~ ,S_Goods] = sort( priority_Goods) ;

    if size ( Up,2) = =1

        Atom_Pop = rand( Atom_Num,Dim). * ( Up − Low) + Low;

        Atom_V = rand( Atom_Num,Dim). * ( Up − Low) + Low;

    end

    if size( Up,2) >1

        for i = 1:Dim

            Atom_Pop( :,i) = rand( Atom_Num,1). * ( Up( i) −
            Low( i) ) + Low( i) ;

            Atom_V ( :,i) = rand( Atom_Num,1). * ( Up( i) −
            Low( i) ) + Low( i) ;

        end

    end

Atom_Pop = x;
```

初始种群生成，接着按原子搜索算法的步骤 2 至步骤 6 进行迭代和寻优（详见 5.2.2 原子搜索算法）。

8.1.4　算例分析

1. 已知数据

本算例中，第 r 排货架的水平最大安全偏移距离 ε_r 是 1.5 米，第 r 排

货架的垂直安全重心高度 δ_r 为 2 米，第 r 排货架每层的标准最大载重量
W_{jr}^{max} 为 3000 千克，第 r 排货架的最大货物数为 25 个，第 r 排货架与出货
口的通道宽度 m_r 为 3 米。货品类型总数 P 为 4，一排货架上的总列数 I 为
5，货架上的总层数 J 为 5，规划区域货架的总排数 R 为 4，一排货架上的
相邻列与列之间的宽度 L 为 1.3 米，一排货架上的相邻层与层之间的高度
H 为 1 米，计划存储货物的情况如表 8 – 2 所示。

表 8 – 2　　　　　　　　　计划存储货物的情况

货物类型 p	1	2	3	4
出货频率 f^p	20	10	50	10
重量 W^p（千克）	200	400	100	50
总数 V_p	5	8	20	11

资料来源：自设算例。

2. 算例结果

根据基于货架稳定性因素的多渠道仓库存储位分配优化模型，采用前
述 8.1.3 中初始程序和 5.3.2 中原子搜索算法步骤，经过 10 次实验取最
优解，最终算例计算结果如表 8 – 3 和表 8 – 4 所示。表 8 – 3 是每排货架
额垂直重心位置、水平重心位置及水平偏离度，表 8 – 4 是每排货架上每
个存储位相对应的存放货物情况，在这一存储位分配方案下，目标函数值
为 28801 米。

表 8 – 3　　　　　　　　　货架的垂直重心和水平重心

货架排号	G_{Xr}（米）	$\left\| G_{Xr} - \dfrac{I \times L}{2} \right\|$	G_{Yr}（米）
1	4.03	0.78	1.91
2	3.56	0.31	1.98
3	3.56	0.31	1.92
4	3.23	0.02	1.93

资料来源：实验数据整理得出。

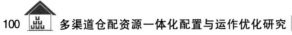

表 8-4 货架上各货物的存放货物情况

排	列	层	货位类型	货物频率	货物重量（千克）	排	列	层	货位类型	货物频率	货物重量（千克）
1	1	1	3	50	100	2	1	4	3	50	100
1	1	2	3	50	100	2	1	5	3	50	100
1	1	3	3	50	100	2	2	1	3	50	100
1	1	4	3	50	100	2	2	2	1	20	200
1	1	5	4	10	50	2	2	3	2	10	400
1	2	1	3	50	100	2	2	4	1	20	200
1	2	2	3	50	100	2	2	5	0	0	0
1	2	3	1	20	200	2	3	1	3	50	100
1	2	4	4	10	50	2	3	2	2	10	400
1	2	5	0	0	0	2	3	3	4	10	50
1	3	1	3	50	100	2	3	4	4	10	50
1	3	2	1	20	200	2	3	5	4	10	50
1	3	3	2	10	400	2	4	1	2	10	400
1	3	4	4	10	50	2	4	2	4	10	50
1	3	5	4	10	50	2	4	3	2	10	400
1	4	1	1	20	200	2	4	4	1	20	200
1	4	2	2	10	400	2	4	5	0	0	0
1	4	3	2	10	400	2	5	1	2	10	400
1	4	4	0	0	0	2	5	2	4	10	50
1	4	5	0	0	0	2	5	3	2	10	400
1	5	1	2	10	400	2	5	4	4	10	50
1	5	2	2	10	400	2	5	5	0	0	0
1	5	3	2	10	400	3	1	1	3	50	100
1	5	4	1	20	200	3	1	2	3	50	100
1	5	5	0	0	0	3	1	3	3	50	100
2	1	1	3	50	100	3	1	4	3	50	100
2	1	2	3	50	100	3	1	5	4	10	50
2	1	3	3	50	100	3	2	1	3	50	100

续表

排	列	层	货位类型	货物频率	货物重量（千克）	排	列	层	货位类型	货物频率	货物重量（千克）
3	2	2	3	50	100	4	1	4	3	50	100
3	2	3	1	20	200	4	1	5	3	50	100
3	2	4	4	10	50	4	2	1	3	50	100
3	2	5	1	20	200	4	2	2	3	50	100
3	3	1	3	50	100	4	2	3	1	20	200
3	3	2	1	20	200	4	2	4	1	20	200
3	3	3	1	20	200	4	2	5	0	0	0
3	3	4	1	20	200	4	3	1	3	50	100
3	3	5	4	10	50	4	3	2	3	50	100
3	4	1	1	20	200	4	3	3	2	10	400
3	4	2	2	10	400	4	3	4	4	10	50
3	4	3	4	10	50	4	3	5	0	0	0
3	4	4	0	0	0	4	4	1	4	10	50
3	4	5	0	0	0	4	4	2	2	10	400
3	5	1	2	10	400	4	4	3	4	10	50
3	5	2	2	10	400	4	4	4	4	10	50
3	5	3	0	0	0	4	4	5	0	0	0
3	5	4	0	0	0	4	5	1	2	10	400
3	5	5	4	10	50	4	5	2	4	10	50
4	1	1	3	50	100	4	5	3	0	0	0
4	1	2	3	50	100	4	5	4	4	10	50
4	1	3	3	50	100	4	5	5	0	0	0

资料来源：实验数据整理得出。

8.1.5　实验结果

运用原子搜索算法等 8 种智能算法共同求解基于货架稳定性因素的多渠道仓库存储位分配优化模型，我们对 100（5×5×4）、200（8×5×5）、300（10×6×5）、400（10×8×5）、500（10×5×10）个货位的算例分别进行了求解，以每种算法每次迭代产生 30 个同等种群规模，原子搜索算法的设置参数如表 8 - 5 所示。按 2000 次迭代进行求解，经过 10 次实验，发现原子搜索算法比遗传算法、粒子群算法、鲸群算法、蚁狮算法、正弦余弦算法、哈里斯鹰算法、海豚算法 7 种智能算法求解效果更好，寻优效果更稳定，具体如表 8 - 6 所示。分别在 100、200、300、400、500 个货位量数据规模下，原子搜索算法的 10 次实验最优解、平均值解、最差解、中位数解都优于其他 7 种算法，表现出较好的求解稳定性和寻优效果，能更好地解决基于货架稳定性因素的多渠道仓库存储位分配优化问题。原子搜索算法的全局搜索能力高于遗传算法、粒子群算法、鲸群算法、蚁狮算法、哈里斯鹰算法、海豚算法，而正弦余弦算法虽然全局搜索能力强，但收敛性比原子算法差。综合而言，从本模型的求解效果来看，原子搜索算法性能更好，更适合求解本模型问题。

表 8 - 5　　　　　　　　　　**原子搜索算法的参数设置情况**

算法参数设置	参数说明	设置值
option. maxIteration	最大迭代次数	2000
option. numAgent	种群个体数	30
alpha	深度权重 α	50
beta	乘数权重 μ	0.2

资料来源：实验数据整理得出。

表 8 - 6　　　　　　　　**不同数据规模下 8 种智能算法的求解性能**

规模	结果	原子搜索算法	遗传算法	粒子群算法	鲸群算法	蚁狮算法	正弦余弦算法	哈里斯鹰算法	海豚算法
$5 \times 5 \times 4$	最优解	28801	35019	33433	31927	31961	34435	32559	35203
	平均值解	29741	44951	34754	35258	33665	56262	39385	38974
	最差解	31067	57199	35945	52107	35619	91911	52442	48586
	中位数解	29485	45426	34747	33331	33610	49123	37184	37387
	次数（10）	2	2	2	2	34	2	4	20

续表

规模	结果	原子搜索算法	遗传算法	粒子群算法	鲸群算法	蚁狮算法	正弦余弦算法	哈里斯鹰算法	海豚算法
8×5×5	最优解	62791	76247	73812	67591	69590	77574	75017	74043
	平均值解	64219	77525	76474	73144	72843	88517	93080	75321
	最差解	65829	80198	79589	77343	75983	129267	152136	76654
	中位数解	64319	77059	76433	73514	72631	81075	77644	75247
	次数（10）	5	4	4	4	71	3	9	39
10×6×5	最优解	187316	215053	211022	199992	199284	215938	216643	211065
	平均值解	192613	218938	214483	208731	205926	225001	226684	214029
	最差解	198399	224786	218536	213077	214608	251815	272331	215952
	中位数解	191060	218514	214533	210282	206224	224086	221933	214747
	次数（10）	6	5	5	4	93	4	10	46
10×8×5	最优解	267338	300393	287816	285168	274829	298888	293280	291509
	平均值解	274462	309625	293313	289081	283721	331089	319220	295277
	最差解	289597	351083	296422	296184	291149	411618	429162	300047
	中位数解	272393	303292	293900	287761	284772	316332	298650	295436
	次数（10）	9	7	7	7	121	6	16	73
10×5×10	最优解	308425	370349	351837	341731	333927	539781	426515	364132
	平均值解	316158	570742	368267	353970	340226	654034	565443	399180
	最差解	327557	730062	453975	392635	348870	948099	782123	445643
	中位数解	315883	566820	354835	349172	340030	594668	556200	393344
	次数（10）	13	9	9	8	147	8	22	94

资料来源：实验数据整理得出。

8.2 基于货架平衡性因素的多渠道仓库存储位分配优化问题

8.2.1 问题描述

在仓储作业过程中，各个货架之间的存放平衡性对仓储作业活动有较大影响，如果货架之间出现货物集中于几个货架之间的情况，那么在出库作业过程中，仓库作业车辆、设备、人员会大幅集中在这几个货架的通道上，这样就较易造成仓库内部通道中的交通拥堵，影响正常的出库作业效率。因此，常规的物流仓库存储货物时会尽量把货物分散地、平均地放置于仓库内的货架上。

货架的平衡性这一指标主要是指货物分配过程中，每排货架的货物都有一定量的货物存放，而不是集中于某几个货架。可以设定每排货架上已存货物位置占总货架存储位的存放比例，每排货架的最低存放比例。

基于货架平衡性因素的多渠道仓库存储位分配优化模型，是在考虑货架稳定性的多渠道仓库存储位分配优化模型的基础上，再增加货架平衡性的限制约束，以仓储作业总出库距离最小为目标，求解存储位分配最优方案。货架平衡性通过对每排存储货物的最低存储率进行约束。

8.2.2　数学模型

1. 模型参数

模型所涉及的参数说明见表 8 - 7。

表 8 - 7　　　　　　　　　　　　　参数一览

参数	含义
P	货品类型总数
I	一排货架上的总列数
J	一排货架上的总层数
R	规划区域货架的总排数
L	一排货架上的相邻列与列之间的宽度
H	一排货架上的相邻层与层之间的高度
p	第 p 类货
i	第 i 列
j	第 j 层
r	第 r 排货架

续表

参数	含义
m_r	第 r 排货架与出货口的通道宽度
f^p	第 p 类货的取货频率
W^p	第 p 类货加托盘的总重量
x_{ijr}^p	第 p 类货是否存放在第 r 排、第 i 列、第 j 层的货位上
d_{ijr}	取一次货从第 r 排、第 i 列、第 j 层的货位取货到出货口的移动距离
W_{ijr}	第 r 排、第 i 列、第 j 层的货位上存放的货物重量
G_{Xr}	第 r 排货架的水平重心位置
G_{Yr}	第 r 排货架的垂直重心位置
ε_r	第 r 排货架的水平最大安全偏移距离
δ_r	第 r 排货架的垂直安全重心高度
$W_{jr}^{\max}$	第 r 排货架每层的标准最大载重量
θ_r	第 r 排货架的最低空间利用率
Cap_r	第 r 排货架的最大货物数
V_p	第 p 类货的货物总量

2. 目标函数

$$\min Z = \sum_{p=1}^{P} f^p \sum_{r=1}^{R} \sum_{i=1}^{I} \sum_{j=1}^{J} x_{ijr}^p \cdot d_{ijr} \tag{8-13}$$

目标函数是货架取货运输总距离最小，是存放第 p 类货品的货架与出货口的距离乘以第 p 类货的取货频率之和。

3. 限制条件

$$\sum_{p=1}^{P} W^p \cdot x_{ijr}^p = W_{ijr} \tag{8-14}$$

$$\sum_{i=1}^{I} W_{ijr} \leq W_{jr}^{\max} \tag{8-15}$$

$$\frac{\sum\limits_{j=1}^{J} \sum\limits_{i=1}^{I} W_{ijr} \cdot \left(i - \frac{1}{2} \right) \cdot L}{\sum\limits_{j=1}^{J} \sum\limits_{i=1}^{I} W_{ijr}} = G_{Xr} \qquad (8-16)$$

$$\frac{\sum\limits_{j=1}^{J} \sum\limits_{i=1}^{I} W_{ijr} \cdot \left(j - \frac{1}{2} \right) \cdot H}{\sum\limits_{j=1}^{J} \sum\limits_{i=1}^{I} W_{ijr}} = G_{Yr} \qquad (8-17)$$

$$\left| G_{Xr} - \frac{I \times L}{2} \right| \leqslant \varepsilon_r \qquad (8-18)$$

$$G_{Yr} \leqslant \delta_r \qquad (8-19)$$

$$\sum\limits_{j=1}^{J} \sum\limits_{i=1}^{I} \sum\limits_{p=1}^{P} x_{ijr}^p \leqslant Cap_r \qquad (8-20)$$

$$\sum\limits_{j=1}^{J} \sum\limits_{i=1}^{I} \sum\limits_{p=1}^{P} x_{ijr}^p / Cap_r \geqslant \theta_r \qquad (8-21)$$

$$\sum\limits_{p=1}^{P} x_{ijr}^p \leqslant 1 \qquad (8-22)$$

$$d_{ijr} = 2(j-1)H + 2\left(i - \frac{1}{2} \right)L + 2m_r \qquad (8-23)$$

$$\sum\limits_{j=1}^{J} \sum\limits_{i=1}^{I} \sum\limits_{r=1}^{R} x_{ijr}^p = V_p \qquad (8-24)$$

$$x_{ijr}^p = 1 \ or \ 0 \qquad (8-25)$$

4. 限制条件说明

限制条件（8-14）：第 r 排、第 i 列、第 j 层的货位上存放的货物重量（W_{ij}）是第 p 类货加托盘的总重量（W^p）乘以其是否放置在该货位上（x_{ijr}^p）。

限制条件（8-15）：第 r 排所有货位上存放的货物重量之和小于等于单排货架的最大载重量。

限制条件（8-16）：第 r 排货架的水平重心位置是该排所有货位所放货物的重量 W_{ijr} 乘以水平位置 $\left(i - \frac{1}{2} \right) \cdot L$，再除以所有货位的货物重量之和（$\sum\limits_{j=1}^{J} \sum\limits_{i=1}^{I} W_{ijr}$）。

限制条件（8-17）：第 r 排货架的垂直重心位置是该排所有货位所放货物的重量 W_{ijr} 乘以垂直位置 $\left(j-\dfrac{1}{2}\right)\cdot H$ 再除以所有货位的货物重量之和（ $\displaystyle\sum_{j=1}^{J}\sum_{i=1}^{I}W_{ijr}$ ）。

限制条件（8-18）：第 r 排货架的水平重心位置偏离水平中心的距离 $\left|G_{Xr}-\dfrac{I\times L}{2}\right|$ 应在货架规定的水平最大安全偏移距离 ε_r 以内。

限制条件（8-19）：第 r 排货架的垂直重心位置应在货架的垂直安全重心高度 δ_r 以下。

限制条件（8-20）：所有第 r 排是否放置在该货位上，即 x_{ijr}^{p} 之和应小于等于第 r 排货物总数 Cap_r。

限制条件（8-21）：仓库货物存储空间的每排使用率要达到规定要求 θ_r。

限制条件（8-22）：一个货位上最多只允许存放一种单位类型货物。

限制条件（8-23）：从第 r 排、第 i 列、第 j 层的货位取一次货到出货口的移动距离，等于取货设备从出货口开始水平移动到相应列货位、向上垂直移动到相应层货位、取到货后垂直下降到地面水平高度、然后在水平移动返回出货口的距离。

限制条件（8-24）每种货物总量限制。

8.2.3　算例分析

1. 已知数据

本算例中，第 r 排货架的水平最大安全偏移距离 ε_r 是 1.5 米，第 r 排货架的垂直安全重心高度 δ_r 为 2 米，每排货位的空间利用率最低值为 0.7，第 r 排货架每层的标准最大载重量 $W_{jr}^{\max}$ 为 3000 千克，第 r 排货架的最大货物数为 20 个，第 r 排货架与出货口的通道宽度 m_r 为 3 米。货品类型总数 P 为 4，一排货架上的总列数 I 为 4，货架的总层数 J 为 5，规划区域货架的总排数 R 为 5，一排货架上的相邻列与列之间的宽度 L 为 1.3

米，一排货架上的相邻层与层之间的高度 H 为 1 米。计划存储货物的情况如表 8-8 所示。

表 8-8 计划存储货物的情况

货物类型 p	1	2	3	4
出货频率 f^p	20	10	50	10
重量 W^p（千克）	200	400	100	50
总数 V_p	5	8	20	11

资料来源：自设算例。

2. 算例结果

根据基于货架平衡性因素的多渠道仓库存储位分配优化模型，采用前述 8.1.3 中的初始程序和 5.2.2 中的原子搜索算法步骤，经过 10 次实验取最优解，最终算例计算结果如表 8-9 和表 8-10 所示。表 8-9 是每排货架的垂直重心位置、水平重心位置、水平偏离度和空间利用率，表 8-10 是每排货架上每个存储位相对应的存放货物情况。在这一存储位分配方案下，目标函数值为 27301 米。

表 8-9 货架的垂直重心、水平重心和空间利用率

货架排号	G_{Xr}（米）	$\left\| G_{Xr} - \dfrac{I \times L}{2} \right\|$	G_{Yr}（米）	$\sum\limits_{j=1}^{J} \sum\limits_{i=1}^{I} \sum\limits_{p=1}^{P} x_{ijr}^p / Cap_r$
1	2.76	0.16	1.80	0.85
2	2.88	0.28	1.94	0.85
3	2.80	0.20	1.99	0.8
4	3.16	0.56	1.92	0.9
5	3.06	0.46	1.64	0.8

资料来源：实验数据整理得出。

表 8 – 10 货架上各货物的存放货物情况

排	列	层	货位类型	货物频率	货物重量（千克）	排	列	层	货位类型	货物频率	货物重量（千克）
1	1	1	3	50	100	2	2	4	4	10	50
1	1	2	1	20	200	2	2	5	4	10	50
1	1	3	3	50	100	2	3	1	3	50	100
1	1	4	3	50	100	2	3	2	0	0	0
1	1	5	1	20	200	2	3	3	2	10	400
1	2	1	3	50	100	2	3	4	4	10	50
1	2	2	3	50	100	2	3	5	0	0	0
1	2	3	1	20	200	2	4	1	2	10	400
1	2	4	4	10	50	2	4	2	2	10	400
1	2	5	4	10	50	2	4	3	1	20	200
1	3	1	1	20	200	2	4	4	4	10	50
1	3	2	2	10	400	2	4	5	0	0	0
1	3	3	3	50	100	3	1	1	3	50	100
1	3	4	4	10	50	3	1	2	3	50	100
1	3	5	0	0	0	3	1	3	3	50	100
1	4	1	2	10	400	3	1	4	1	20	200
1	4	2	2	10	400	3	1	5	3	50	100
1	4	3	0	0	0	3	2	1	3	50	100
1	4	4	4	10	50	3	2	2	2	10	400
1	4	5	0	0	0	3	2	3	1	20	200
2	1	1	3	50	100	3	2	4	0	0	0
2	1	2	3	50	100	3	2	5	4	10	50
2	1	3	3	50	100	3	3	1	1	20	200
2	1	4	1	20	200	3	3	2	1	10	50
2	1	5	4	10	50	3	3	3	3	50	100
2	2	1	1	20	200	3	3	4	4	10	50
2	2	2	3	50	100	3	3	5	0	0	0
2	2	3	2	10	400	3	4	1	2	10	400

续表

排	列	层	货位类型	货物频率	货物重量（千克）	排	列	层	货位类型	货物频率	货物重量（千克）
3	4	2	1	20	200	4	4	4	0	0	0
3	4	3	0	0	0	4	4	5	0	0	0
3	4	4	2	10	400	5	1	1	3	50	100
3	4	5	0	0	0	5	1	2	3	50	100
4	1	1	3	50	100	5	1	3	3	50	100
4	1	2	3	50	100	5	1	4	1	20	200
4	1	3	3	50	100	5	1	5	4	10	50
4	1	4	3	50	100	5	2	1	3	50	100
4	1	5	4	10	50	5	2	2	3	50	100
4	2	1	3	50	100	5	2	3	3	50	100
4	2	2	3	50	100	5	2	4	4	10	50
4	2	3	1	20	200	5	2	5	0	0	0
4	2	4	4	10	50	5	3	1	2	10	400
4	2	5	4	10	50	5	3	2	2	10	400
4	3	1	3	50	100	5	3	3	4	10	50
4	3	2	1	20	200	5	3	4	0	0	0
4	3	3	2	10	400	5	3	5	0	0	0
4	3	4	4	10	50	5	4	1	2	10	400
4	3	5	4	10	50	5	4	2	1	20	200
4	4	1	2	10	400	5	4	3	2	10	400
4	4	2	2	10	400	5	4	4	4	10	50
4	4	3	2	10	400	5	4	5	0	0	0

资料来源：实验数据整理得出。

8.2.4 实验结果

运用原子搜索算法等 8 种智能算法共同求解基于货架稳定性因素的多渠道仓库存储位分配优化模型，我们对 100（4×5×5）、200（4×5×

10)、300（5×6×10）、400（8×5×10）、500（10×5×10）个货位的算例分别进行了 8 种智能算法的求解,以每种算法每次迭代产生 30 个同等种群规模,按 2000 次迭代进行求解。经过 10 次实验,发现原子搜索算法比遗传算法、粒子群算法、鲸群算法、蚁狮算法、正弦余弦算法、哈里斯鹰算法、海豚算法 7 种智能算法求解效果更好,寻优效果更稳定,具体如表 8－11 所示。在 100、200、300、400、500 个货位量数据规模下,原子搜索算法的 10 次实验最优解、平均值解、最差解、中位数解都优于其他 7 种算法,表现出较好的求解稳定性和寻优效果。仅在 500 这一个数据规模下,原子搜索算法的 10 次实验最差解高于粒子群算法,其他的最优解、平均值解、中位数解均表现最好。综合 5 个数据规模求解结果来看,原子搜索算法的求解效果比其他 7 种算法更好,能更好地解决基于货架稳定性的多渠道仓库存储位分配优化问题。原子搜索算法的全局搜索能力和寻优结果好于其他算法,在全局搜索完成后也较为平稳,在迭代前期不易陷入局部困境。

表 8－11　　　　　不同数据规模下 8 种智能算法的求解性能

规模	结果	原子搜索算法	遗传算法	粒子群算法	鲸群算法	蚁狮算法	正弦余弦算法	哈里斯鹰算法	海豚算法
4×5×5	最优解	27301	34167	31615	28699	30057	33003	30855	32805
	平均值解	27634	49569	32937	31680	31284	54152	38123	41713
	最差解	28029	79697	35574	39878	32627	78214	78034	59662
	中位数解	27545	44616	32521	31385	31323	57766	32343	39494
	次数（10）	2	2	2	1	29	2	4	17
4×5×10	最优解	53916	60768	60056	57212	56109	60005	61856	59953
	平均值解	55118	61698	61599	60168	58819	61785	62934	60944
	最差解	57453	62637	64758	62926	62069	62579	64548	61753
	中位数解	55030	61662	61316	59961	58283	62165	62852	60986
	次数（10）	4	3	3	3	60	3	8	33

续表

规模	结果	原子搜索算法	遗传算法	粒子群算法	鲸群算法	蚁狮算法	正弦余弦算法	哈里斯鹰算法	海豚算法
5×6×10	最优解	141720	155365	155224	151482	145446	155174	155853	154051
	平均值解	144198	157776	156650	154265	149942	157790	158782	155557
	最差解	150153	159430	158798	158096	153931	160222	160883	157746
	中位数解	143751	157889	156674	153952	150711	157366	158887	155185
	次数（10）	7	6	6	6	112	6	15	64
8×5×10	最优解	264916	290469	286042	278947	273988	288437	291242	285830
	平均值解	271017	293291	288937	287254	282790	290958	295259	287986
	最差解	275549	295819	292357	296469	290864	295076	299115	290461
	中位数解	271347	293264	288339	286647	281503	290103	294474	288064
	次数（10）	9	8	8	7	132	7	18	79
10×5×10	最优解	308178	352973	340843	331418	319260	355557	350002	344793
	平均值解	318094	367539	349999	340978	334227	448989	361994	350960
	最差解	361830	400647	359375	354025	348853	538643	384823	357075
	中位数解	315026	362911	349928	339144	332222	440608	358119	350013
	次数（10）	14	9	9	9	157	19	24	102

资料来源：实验数据整理得出。

第9章 多渠道仓库拣货策略优化问题

9.1 基于单通道布局的仓库拣货策略优化问题

9.1.1 问题描述

单通道布局的货架进行订单拣货作业（如图9-1所示），从起始点出发挨个到达相应的货物拣货，并只能通过单侧通道前往下一个货位完成货

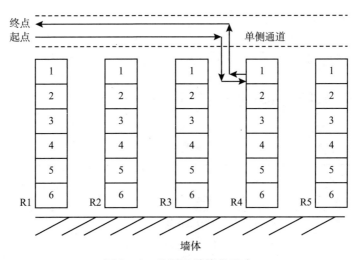

图9-1 单侧通道拣货活动

物拣取，最后一个货物取完后沿单侧通道回到终点并最终完成订单任务。在这个按单拣货的过程中，拣货车（自动或非自动）会随着货物的增加，做功功率逐步加大，而不同的拣货顺序设计会形成不同的拣货设备平均运行区间做功量。设备的功率与设备的运作成本直接相关，因此通过优化订单的拣货顺序可以达到降低仓库拣货成本的目的。

基于单通道布局的仓库存储拣货策略优化问题以单侧通道的拣货订单为目标对象，结合拣货设备的载重容量限制，以设备平均做功量最小为目标，求解最优的拣货作业顺序。其中平均做功量以运输距离乘以当前设备的重量进行计算。

假定条件：

（1）拣货时的容器可以满足一次挑选多个货品盛放。

（2）货物能在货架第一层获取，不考虑层与层之间的理货和补货等操作。

（3）拣货车辆的能量消耗直接与运行距离和载重量相关。

（4）拣货车辆到货物行走路线是直线或矩形运动。

（5）拣货车辆所拣货物重量达到最大载重量时返回原点重新开始拣货。

（6）在处理一个订单时一个拣货车辆不停歇负责拣货作业，直到订单完成，不考虑完成订单途中的维修、充电等暂停作业情况。

9.1.2　数学模型

1. 模型参数

模型所涉及的参数说明见表 9 – 1。

表 9 – 1　　　　　　　　　　　　　　参数一览

参数	含义
M	一排货架上的总列数
R	规划区域货架的总排数
L	一排货架上的相邻列与列之间的宽度
C	拣货路径上的起始点集合

续表

参数	含义
D	拣货路径上的货位点集合
m	第 m 列
r	第 r 排货架
n	第 n 列
s	第 s 排货架
K	一个订单上涉及的货位集合
k	订单上第 k 个取货位
i	订单上第 i 个取货位
j	订单上第 j 个取货位
x_{ij}	是否从第 i 个取货位到第 j 个取货位移动拣货
d_{ij}	从第 i 个取货位到第 j 个取货位的移动距离
v_{cap}	一次取货最大的取货量
Q_k	在第 k 个取货位的取货量
U_k	离开第 k 个取货位时的拣货合计容量
A_i	订单上第 i 个取货位的列和排位置
A_j	订单上第 j 个取货位的列和排位置

资料来源：自设模型。

2. 目标函数

$$\min z = \sum_{i=1}^{K} \sum_{j=1}^{K} x_{ij} \cdot d_{ij} \cdot U_k \tag{9-1}$$

目标函数是拣货设备的载重量乘以拣货设备的移动距离，对其进行最小化使设备做功最小。

3. 限制条件

$$x_{kk} = 0 \quad k > 1 \tag{9-2}$$

$$\sum_{i=1}^{K} x_{ik} = 1 \quad k > 1 \tag{9-3}$$

$$\sum_{i=1}^{K} x_{ki} = 1 \quad k > 1 \tag{9-4}$$

$$Q_k \leqslant U_k \leqslant v_{cap} \tag{9-5}$$

$$U_k \geqslant U_i + Q_k - v_{cap} + v_{cap} \cdot (x_{ki} + x_{ik}) - (Q_k + Q_i) \cdot x_{ki} \tag{9-6}$$

$$U_k \leqslant v_{cap} - \sum_{i \in C} (v_{cap} - Q_k) \cdot x_{ik} \tag{9-7}$$

$$U_k \geqslant Q_k + \sum_{i \notin C} Q_i \cdot x_{ik} \tag{9-8}$$

$$A_i = A(m, r) \tag{9-9}$$

$$A_j = A(p, s) \tag{9-10}$$

$$d_{ij} = \begin{cases} |r-s| \cdot b + (m+p)L, & r \neq s \\ |m-p|, & r = s \end{cases} \tag{9-11}$$

4. 限制条件说明

限制条件（9-2）：从第 k 个取货位不能移动到第 k 个取货位拣货。

限制条件（9-3）：一次取货过程只有一次车能到第 k 个取货位拣货。

限制条件（9-4）：从第 k 个取货位肯定有一次车出发去其他取货位拣货。

限制条件（9-5）：离开第 k 个取货位时的拣货合计容量大于等于在第 k 个取货位的取货量，但不超过拣货设备的容量。

限制条件（9-6）：这个限制条件确定取货的前后顺序。如果从第 k 个取货位拣货后接着移动到第 i 个取货位拣货，那么 $x_{ik}=0$，离开第 k 个取货位时的拣货合计容量 U_k 大于等于在第 i 个取货位的取货量 Q_i 加上离开第 i 个取货位时的拣货合计容量 U_i。反之，如果从第 i 个取货位拣货后接着移动到第 k 个取货位拣货，那么 $x_{ki}=0$，离开第 k 个取货位时的拣货合计容量 U_k 大于等于在第 k 个取货位的取货量 Q_k 加上离开第 i 个取货位时的拣货合计容量 U_i。

限制条件（9-7）：从起始位移动到的第一个货位（即第 k 个取货位）拣货，离开第 k 个取货位时的拣货合计容量 U_k 小于等于设备容量 v_{cap} 和在第 k 个取货位的取货量 Q_k。

限制条件（9-8）：离开第 k 个取货位时的拣货合计容量 U_k 大于等于第 k 个取货位和之前所有取货位取货量之和。

限制条件（9-9）、限制条件（9-10）：第 i 个取货位和第 j 个取货位在仓库中的位置分别对应的列和排坐标。

限制条件（9-11）：单通道仓库第 i 个取货位和第 j 个取货位之间移动距离的计算公式，移动距离等于两个货位的排间距离加上到分别的列间距离。

9.1.3　初始程序

按照上述仓库存储拣货策略优化模型对初始原子群位置和速度生成，进行重新设计。根据订单个数随机生成相应数量的自变量矩阵 x，对其进行排序，按排序依次执行订单任务，并记录设备实时位置、载重量、距离。

```
[ ~ ,S] = sort( x) ;
recording. Task = zeros( data. numTask ,10) ;
recording. Task( : ,1) = S;
recording. Task( : ,2:4) = data. task( S,:) ;
recording. Path = zeros( 1 ,20) ;
load = 0 ;
position = data. start;
recording. Path( 1 ,2:3) = position ;
    if size( Up ,2) = = 1
    Atom_Pop = rand( Atom_Num ,Dim) . * ( Up - Low) + Low;
    Atom_V = rand( Atom_Num ,Dim) . * ( Up - Low) + Low;
end
    if size( Up ,2) > 1
    for i = 1 : Dim
        Atom_Pop( : ,i) = rand( Atom_Num ,1) . * ( Up( i) - Low( i) ) + Low( i) ;
        Atom_V( : ,i) = rand( Atom_Num ,1) . * ( Up( i) - Low( i) ) + Low( i) ;
    end
end
Atom_Pop = x;
```

初始种群生成，接着按原子搜索算法的步骤 2 至步骤 6 进行迭代和寻优（见5.2.2中原子搜索算法求解步骤）。

9.1.4 算例分析

1. 已知数据

在一个10排10列的单侧通道货品区，排与排之间的中心距离 b 是3米，如图列与列之间的中心距离 L 是2.5米，拣货容量 v_{cap} 是50千克，要完成的一个拣货任务的货物清单如表9-2所示，对应货品所在的货物行号和排号。

表9-2　　　　　　　　　　货物清单表

序号	列号	排号	取货量 Q_k	序号	列号	排号	取货量 Q_k
1	1	1	2	20	4	4	8
2	2	2	2	21	5	4	9
3	2	3	2	22	5	5	1
4	2	4	2	23	5	2	3
5	3	5	2	24	2	5	15
6	4	6	4	25	6	1	2
7	5	7	1	26	6	2	4
8	5	8	4	27	6	3	5
9	5	9	2	28	6	4	7
10	2	10	5	29	6	5	8
11	3	2	1	30	7	6	2
12	3	3	3	31	7	7	2
13	3	4	3	32	7	8	3
14	3	6	2	33	7	9	5
15	1	2	3	34	7	10	6
16	2	8	4	35	8	1	4
17	2	7	5	36	8	2	1
18	2	9	6	37	8	3	4
19	3	9	7	38	8	4	2

续表

序号	列号	排号	取货量 Q_k	序号	列号	排号	取货量 Q_k
39	8	5	8	44	9	10	2
40	9	6	9	45	10	1	3
41	9	7	1	46	10	2	7
42	9	8	3	47	10	3	8
43	9	9	2	48	10	4	9

2. 算例结果

采用前述 9.1.3 节中的初始程序和 5.3.2 节中的原子搜索算法步骤，10 次实验取最优解，上述算例的计算结果如表 9-3 所示。序号 0 代表起始位（1，1），从起始位出发，依次进行表 9-2 货物清单表上的 38、31、7、32、42 等货品的拣货，当拣货车装满时或拣货任务结束时返回序号 0 起始位，每个序号有对应货品的列号、排号，移动距离为从上一个货位到本货位的直线移动距离，载重量是指拣货车离开本货位的载重量，目标函数的值是所有货位的移动距离乘以离开上一个货位时的载重量之和，为 17463.5（千克·米）。

表 9-3 拣货顺序清单

序号	列号	排号	移动距离（米）	载重量（千克）	序号	列号	排号	移动距离（米）	载重量（千克）
0	1	1	0	0	46	10	2	17.5	30
38	8	4	31.5	2	26	6	2	10	34
31	7	7	46.5	4	23	5	2	2.5	37
7	5	7	5	5	15	1	2	10	40
32	7	8	33	8	27	6	3	20.5	45
42	9	8	5	11	0	1	1	23.5	0
16	2	8	17.5	15	40	9	6	40	9
34	7	10	28.5	21	47	10	3	56.5	17
18	2	9	25.5	27	12	3	3	17.5	20

续表

序号	列号	排号	移动距离（米）	载重量（千克）	序号	列号	排号	移动距离（米）	载重量（千克）
5	3	5	24.5	29	6	4	6	26.5	24
39	8	5	12.5	37	17	2	7	18	29
29	6	5	5	45	24	2	5	16	44
22	5	5	2.5	46	0	1	1	19.5	0
35	8	1	44.5	50	19	3	9	34	7
0	1	1	17.5	0	10	2	10	15.5	12
36	8	2	25.5	1	13	3	4	30.5	15
44	9	10	66.5	3	20	4	4	2.5	23
43	9	9	48	5	48	10	4	15	32
9	5	9	10	7	28	6	4	10	39
30	7	6	39	9	21	5	4	2.5	48
14	3	6	10	11	4	2	4	7.5	50
45	10	1	47.5	14	0	1	1	16.5	0
25	6	1	10	16	41	9	7	43	1
1	1	1	12.5	18	33	7	9	46	6
3	2	3	13.5	20	8	5	8	33	10
2	2	2	13	22	37	8	3	47.5	14
11	3	2	2.5	23	0	1	1	28.5	0

9.1.5　实验结果

运用原子搜索等 8 种智能算法共同求解基于单通道布局的仓库存储拣货策略优化问题，以每种算法每次迭代产生 30 个同等种群规模，按 2000次迭代进行求解，经过 10 次实验，发现原子搜索算法比遗传算法、粒子群算法、鲸群算法、蚁狮算法、正弦余弦算法、哈里斯鹰算法、海豚算法7 种智能算法在这个问题上的求解表现更好，求解速度更快，寻优效果更稳定，具体如表 9-4 所示。

表 9 – 4　　　　　　　　不同数据规模下 8 种智能算法的求解性能

规模	结果	原子搜索算法	遗传算法	粒子群算法	鲸群算法	蚁狮算法	正弦余弦算法	哈里斯鹰算法	海豚算法
12	最优解	2132	2254	2174	2132	2142	2181	2161	2284
	平均值解	2135	2347	2433	2303	2260	2461	2290	2466
	最差解	2151	2535	2705	2666	2410	2916	2425	2636
	中位数解	2132	2311	2455	2253	2272	2432	2284	2473
	次数（10）	2	1	2	1	5	0	2	12
24	最优解	5519	7453	6493	6062	6038	7108	6562	7518
	平均值解	6082	8251	7498	7018	6807	8432	7741	7721
	最差解	7129	8865	8308	7961	7682	9446	8714	8079
	中位数解	6050	8382	7508	7092	6869	8431	7734	7680
	次数（10）	3	2	2	1	12	0	4	21
48	最优解	17464	27510	23301	20023	21551	30187	24454	26853
	平均值解	19373	29209	25942	24558	24025	31348	27851	28054
	最差解	22614	30908	27718	30398	25840	33563	30446	29257
	中位数解	19079	29326	26527	24071	23914	31161	27504	28089
	次数（10）	4	3	3	3	22	0	6	30
96	最优解	47410	71316	57350	56369	55084	73781	60820	71551
	平均值解	53745	74473	65453	60534	61378	77477	69164	73543
	最差解	61162	76332	70603	70040	68059	80417	75825	74872
	中位数解	53392	75128	65781	59631	61688	77637	70571	73254
	次数（10）	6	6	5	5	41	0	12	55
192	最优解	153137	212596	195302	177867	183208	186241	187344	193071
	平均值解	166012	215961	200654	186052	185102	192423	193557	196213
	最差解	198696	219508	206480	192637	187645	199515	201579	200254
	中位数解	163408	215543	200505	186129	185047	191337	192520	195959
	次数（10）	17	16	17	16	131	0	41	177

资料来源：实验数据整理得出。

在 12 个货品订单的数据规模下，原子搜索算法和鲸群算法均找到 10 次实验最优解 2132，且原子搜索算法的最优解平均值更低（见表 9 – 4），

10 次实验的最差解和中位数值都是 8 种算法中最小的，在这一数据规模下体现了较好的求解性能。同时原子搜索算法在同等条件下平均一次求解花费的时间为 2 分钟，求解时间比蚁狮算法和海豚算法短。在 24 个货品订单的数据规模下，原子搜索算法 10 次实验的最优解、平均值解、最差解、中位数都优于其他 7 种算法，体现了明显的求解性能优势。同时原子搜索算法在同等条件下平均一次求解花费的时间为 3 分钟，求解时间比蚁狮算法、哈里斯鹰算法和海豚算法短。在 48、96、192 个货品订单的数据规模情况下，原子搜索算法同样表现出色，10 次实验的最优解、平均值解、最差解、中位数都优于其他 7 种算法，其能更大范围进行寻优，最后获得了更好的全局寻优结果。

9.2　基于双通道布局的仓库存储拣货策略优化问题

9.2.1　问题描述

双通道单区布局的货架进行订单拣货作业，如图 9 - 2 所示，从起始点出发挨个到达相应的货物拣货，可以选择通过双侧通道的任意一侧前往

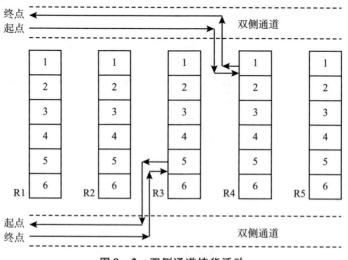

图 9 - 2　双侧通道拣货活动

下一个货位完成货物拣取，最后一个货物取完后沿单侧通道回到终点并最终完成订单任务。不同的拣货顺序设计，会形成不同的拣货设备平均运行区间做功量。设备的功率与设备的运作成本直接相关，因此通过优化订单的拣货顺序可以达到降低仓库拣货成本的目的。

　　基于双通道单区布局的仓库存储拣货策略优化问题以双侧通道单区的拣货订单为目标对象，结合拣货设备的载重容量限制，以设备平均做功量最小为目标，求解最优的拣货作业顺序。基于双通道布局的仓库存储拣货策略优化问题与单通道布局的仓库存储拣货策略优化问题的区别在于它可以挑选双侧通道中离下个货位较近的通道进行移动拣货，因此在拣货距离上与单通道的布局模型计算方式不同。

9.2.2　数学模型

1. 模型参数

模型所涉及的参数说明见表 9 - 5。

表 9 - 5　参数一览

参数	含义
M	一排货架上的总列数
R	规划区域货架的总排数
L	一排货架上的相邻列与列之间的宽度
C	拣货路径上的起始点集合
D	拣货路径上的货位点集合
m	第 m 列
r	第 r 排货架
n	第 n 列
s	第 s 排货架
K	一个订单上涉及的货位集合
k	订单上第 k 个取货位
i	订单上第 i 个取货位
j	订单上第 j 个取货位

参数	含义
x_{ij}	是否从第 i 个取货位到第 j 个取货位移动拣货
d_{ij}	从第 i 个取货位到第 j 个取货位的移动距离
v_{cap}	一次取货最大的取货量
Q_k	在第 k 个取货位的取货量
U_k	离开第 k 个取货位时的拣货合计容量
A_i	订单上第 i 个取货位的列和排位置
A_j	订单上第 j 个取货位的列和排位置

资料来源：自设模型。

2. 目标函数

$$\min z = \sum_{i=1}^{K} \sum_{j=1}^{K} x_{ij} \cdot d_{ij} \cdot U_i \quad (9-12)$$

目标函数是拣货设备的载重量乘以拣货设备的移动距离，对其进行最小化使设备做功最小。

3. 限制条件

$$x_{kk} = 0 \quad k > 1 \quad (9-13)$$

$$\sum_{i=1}^{K} x_{ik} = 1 \quad k > 1 \quad (9-14)$$

$$\sum_{i=1}^{K} x_{ki} = 1 \quad k > 1 \quad (9-15)$$

$$Q_k \leqslant U_k \leqslant v_{cap} \quad (9-16)$$

$$U_k \geqslant U_i + Q_k - v_{cap} + v_{cap} \cdot (x_{ki} + x_{ik}) - (Q_k + Q_i) \cdot x_{ki} \quad (9-17)$$

$$U_k \leqslant v_{cap} - \sum_{i \in C} (v_{cap} - Q_k) \cdot x_{ik} \quad (9-18)$$

$$U_k \geqslant Q_k + \sum_{i \notin C} Q_i \cdot x_{ik} \quad (9-19)$$

$$A_i = A(m, r) \quad (9-20)$$

$$A_j = A(p, s) \quad (9-21)$$

$$d_{ij} = \begin{cases} |r-s| \cdot b + \min\left[(m+p) \cdot L, (M+1-m) \cdot L + (M+1-p) \cdot L\right], & r \neq s \\ |m-p| \cdot L, & r = s \end{cases}$$

$$(9-22)$$

4. 限制条件说明

限制条件（9-13）：从第 k 个取货位不能移动到第 k 个取货位拣货。

限制条件（9-14）：一次取货过程只有一次车能到第 k 个取货位拣货。

限制条件（9-15）：从第 k 个取货位肯定有一次车出发去其他取货位拣货。

限制条件（9-16）：离开第 k 个取货位时的拣货合计容量大于等于在第 k 个取货位的取货量，但不超过拣货设备的容量。

限制条件（9-17）：这个限制条件确定取货的前后顺序。如果从第 k 个取货位拣货后接着移动到第 i 个取货位拣货，那么 $x_{ik}=0$，离开第 k 个取货位时的拣货合计容量 U_k 大于等于在第 i 个取货位的取货量 Q_i 加上离开第 i 个取货位时的拣货合计容量 U_i。反之，如果从第 i 个取货位拣货后接着移动到第 k 个取货位拣货，那么 $x_{ki}=0$，离开第 k 个取货位时的拣货合计容量 U_k 大于等于在第 k 个取货位的取货量 Q_k 加上离开第 i 个取货位时的拣货合计容量 U_i。

限制条件（9-18）：从起始位移动到的第一个货位（即第 k 个取货位）拣货，离开第 k 个取货位时的拣货合计容量 U_k 小于等于设备容量 v_{cap} 和在第 k 个取货位的取货量 Q_k。

限制条件（9-19）：离开第 k 个取货位时的拣货合计容量 U_k 大于等于第 k 个取货位和之前所有取货位取货量之和。

限制条件（9-20）、限制条件（9-21）：第 i 个取货位和第 j 个取货位在仓库中的位置分别对应的列和排坐标。

限制条件（9-22）：双通道仓库第 i 个取货位和第 j 个取货位之间移动距离的计算公式，取双侧通道最小列间距离移动。

9.2.3 算例分析

1. 已知数据

在一个 10 排 10 列的双侧通道货品区，排与排之间的中心距离 b 是 3

米，如图 9-2 所示，列与列之间的中心距离 L 是 2.5 米，拣货容量 v_{cap} 是 50 千克，要完成的一个拣货任务的货物清单如表 9-6 所示。

表 9-6 货物清单表

序号	列号	排号	取货量 Q_k	序号	列号	排号	取货量 Q_k
1	1	1	2	25	6	1	2
2	2	2	2	26	6	2	4
3	2	3	2	27	6	3	5
4	2	4	2	28	6	4	7
5	3	5	2	29	6	5	8
6	4	6	4	30	7	6	2
7	5	7	1	31	7	7	2
8	5	8	4	32	7	8	3
9	5	9	2	33	7	9	5
10	2	10	5	34	7	10	6
11	3	2	1	35	8	1	4
12	3	3	3	36	8	2	1
13	3	4	3	37	8	3	4
14	3	6	2	38	8	4	2
15	1	2	3	39	8	5	8
16	2	8	4	40	9	6	9
17	2	7	5	41	9	7	1
18	2	9	6	42	9	8	3
19	3	9	7	43	9	9	2
20	4	4	8	44	9	10	2
21	5	4	9	45	10	1	3
22	5	5	1	46	10	2	7
23	5	2	3	47	10	3	8
24	2	5	15	48	10	4	9

资料来源：自设算例。

2. 算例结果

采用前述 9.1.3 节中的初始程序和 5.2.2 节中原子搜索算法步骤，

10 次实验取最优解，上述算例的计算结果如表 9 - 7 所示。序号 0 代表从起始位（1，1）出发，依次进行表 9 - 6 货物清单表上的 44、41、31、7、11 等货品的拣货。当拣货车装满时或拣货任务结束时返回序号 0 起始位，移动距离为从上一个货位到本货位的最短移动距离，载重量为拣货车离开本货位的载重量，目标函数的值是所有货位的移动距离乘以离开上一个货位时的载重量之和，为 14130.5（千克·米）。

表 9 - 7　　　　　　　　　　　　　拣货顺序清单

序号	列号	排号	移动距离（米）	载重量（千克）	序号	列号	排号	移动距离（米）	载重量（千克）
0	1	1	0	0	0	1	1	24	0
44	9	10	52	2	15	1	2	8	3
41	9	7	19	3	25	6	1	20.5	5
31	7	7	5	5	36	8	2	23	6
7	5	7	5	6	2	2	2	15	8
11	3	2	35	7	12	3	3	15.5	11
13	3	4	21	10	4	2	4	15.5	13
9	5	9	35	12	5	3	5	15.5	15
40	9	6	29	21	16	2	8	21.5	19
30	7	6	5	23	34	7	10	28.5	25
6	4	6	7.5	27	10	2	10	12.5	30
14	3	6	2.5	29	19	3	9	15.5	37
17	2	7	15.5	34	9	2	9	2.5	43
24	2	5	16	49	0	1	1	31.5	0
0	1	1	19.5	0	39	8	5	34.5	8
1	1	1	0	2	37	8	3	21	12
22	5	5	27	3	26	6	2	23	16
3	2	3	23.5	5	46	10	2	10	23
8	5	8	32.5	9	47	10	3	8	31
32	7	8	5	12	48	10	4	8	40

序号	列号	排号	移动距离（米）	载重量（千克）	序号	列号	排号	移动距离（米）	载重量（千克）
42	9	8	5	15	20	4	4	15	48
33	7	9	18	20	0	1	1	21.5	0
43	9	9	5	22	23	5	2	18	3
29	6	5	29.5	30	35	8	1	25.5	7
38	8	4	23	32	45	10	1	5	10
28	6	4	5	39	27	6	3	21	15
21	5	4	2.5	48	0	1	1	28.5	0

资料来源：实验数据整理得出。

9.2.4 实验结果

运用原子搜索算法等 8 种智能算法共同求解基于双通道布局的仓库存储拣货策略优化问题。经过 10 次实验，以每种算法每次实验 30 个同等种群规模，按 2000 次迭代进行求解，发现原子搜索算法比遗传算法、粒子群算法、鲸群算法、蚁狮算法、正弦余弦算法、哈里斯鹰算法、海豚算法 7 种智能算法在这个问题上的求解表现更好，求解速度更快，寻优效果更稳定。在 12、24、48、96、192 这 5 类不同数据规模下，原子搜索算法的 10 次实验最优解、平均值解、最差解、中位数解都优于其他 7 种算法，表现出较好的求解稳定性和寻优效果（见表 9-8）。

表 9-8 不同数据规模下 8 种智能算法的求解性能

规模	结果	原子搜索算法	遗传算法	粒子群算法	鲸群算法	蚁狮算法	正弦余弦算法	哈里斯鹰算法	海豚算法
12	最优解	1891	1994	2009	1900	1891	2044	1955	2070
	平均值解	1944	2284	2484	2205	2032	2314	2152	2516
	最差解	2021	2473	2830	2674	2570	2730	2368	2853
	中位数解	1941	2325	2505	2263	1941	2357	2157	2599
	次数（10）	1	1	1	1	4	1	1	11

续表

规模	结果	原子搜索算法	遗传算法	粒子群算法	鲸群算法	蚁狮算法	正弦余弦算法	哈里斯鹰算法	海豚算法
24	最优解	5059	6467	6009	5175	5279	6111	6070	5997
	平均值解	5606	6992	6661	6298	5902	6789	6859	6622
	最差解	6726	7480	7452	7455	6504	7851	7413	6873
	中位数解	5437	7060	6687	6208	5933	6750	6871	6729
	次数（10）	2	2	2	1	5	4	2	11
48	最优解	14131	23081	18406	17610	17505	20318	21361	19830
	平均值解	15527	23854	20562	21872	20588	21565	22812	21128
	最差解	17561	24233	21631	24374	22591	22821	24338	21876
	中位数解	15220	23976	21017	22672	20985	21388	22600	21275
	次数（10）	4	3	3	3	21	2	7	31
96	最优解	35008	53859	44642	44201	46466	47973	48521	48925
	平均值解	39796	54970	48220	49501	49479	49395	52900	50068
	最差解	43221	55796	53334	52466	51284	50694	54931	52202
	中位数解	39693	55104	48310	50718	49656	49535	53258	49848
	次数（10）	7	6	7	5	45	7	14	59
192	最优解	111555	162023	136566	115374	118895	117986	125924	131959
	平均值解	115019	167227	145187	123419	121510	120713	127936	138068
	最差解	119192	170793	154519	127559	122619	123079	129145	143085
	中位数解	113711	166978	144082	123996	121916	120830	128293	137843
	次数（10）	9	9	9	8	72	8	24	95

资料来源：实验数据整理得出。

第 10 章　研究总结与展望

10.1　研　究　总　结

物流配送一般分为不同货物类型或不同货物流通渠道进行，但因为城市配送资源限制、交通限制等原因，多种渠道的配送模式之间的界限越来越模糊，共同合作的机会不断涌现。本书通过对多渠道仓配资源一体化配置与运作优化研究，解决了多渠道仓配一体化选址布局问题、多渠道存储位分配和拣货策略联合优化问题。以共同仓储、共同配送、考虑时间窗为切入点逐步解决多渠道仓配一体化选址布局问题，以货架稳定性和存储平衡性为切入点逐步解决多渠道存储位分配，以不同的货道布局为基础求解拣货策略联合优化问题。

（1）多渠道仓配资源一体化选址布局问题。本书以多渠道的共同仓储、共同配送为研究对象，从最大限度利用有限仓配资源的角度，进行多渠道仓配一体化选址布局建模与求解分析。首先是多渠道共同仓储分渠道配送选址布局问题，这是多渠道仓配一体化选址布局问题的最基础模型，以多种物流配送的共同仓储作为切入点，以仓配一体的总成本为目标，求解共同仓储的仓库最优选址方案和各渠道的最优配送线路。其次是多渠道共同仓储共同配送选址布局问题，以仓配一体的总成本为目标，求解共同仓储的仓库最优选址方案和共同配送的最优线路。最后，考虑时间窗的共同仓储多渠道共同配送选址布局问题，是在多渠道共同仓储共同配送选址模型的基础上，增加时间窗约束，以每个配送点的允许收发时间段作为配送路线设计时的约束条件，求解符合时间窗约束的仓配一体总成本最小的仓库最优选址方案和各渠道的最优配送线路。

（2）多渠道仓库存储位分配问题。多渠道仓储作业过程中，有限的货物分配和拣货路径优化是决定高效率、低成本运作的关键，本书从多渠道仓储运作入手，从安全作业出发考虑货架稳定性因素，以减少操作拥堵、提高效率为出发点考虑存储平衡性因素，解决了多渠道仓库存储位分配优化问题。首先是基于货架稳定性因素的多渠道仓库存储位分配优化问题，以货架稳定性为约束条件，以仓库运输总距离最小化为目标，求解有限存储位的最优分配方案。其次，基于存储平衡性因素的多渠道仓库存储位分配优化问题是在考虑货架稳定性的多渠道仓库存储位分配优化模型的基础上，再增加货架平衡性的限制约束，以仓储作业总出库距离最小为目标，求解存储位分配最优方案，既满足了仓库的作业距离最短，又实现了各货架之间存储平衡性的要求。

（3）拣货策略联合优化问题。根据不同的货道布局，提出仓库存储拣货模型，求解拣货作业顺序，以最小化拣货设备做功。首先，基于单通道布局的仓库存储拣货策略优化问题，以单侧通道的拣货订单为目标对象，结合拣货设备的载重容量限制，以设备平均做功量最小为目标，求解最优的拣货作业顺序。从实验结果来看，拣货顺序会形成不同的设备做功效率，进而影响拣货成本。基于双通道单区布局的仓库存储拣货策略优化问题，以双侧通道单区的拣货订单为目标对象，结合拣货设备的载重容量限制，以设备平均做功量最小为目标，求解最优的拣货作业顺序。它与单通道布局的仓库存储拣货策略优化问题的区别在于，它可以挑选双侧通道中离下个货位较近的通道进行移动拣货。从实验结果来看，双通道单区布局的仓库存储拣货总体做功量要小于单通道单区布局的仓库存储拣货作业。

经研究得出以下结论。

（1）经共同存储分类配送与共同配送选址布局问题实验结果比较，发现在配送网点中小数据规模下，共同配送的成本优势并不是非常明显，但随着数据量的加大，在大数据量的算例中，共同配送的成本明显低于分类配送，体现了较好的规模效应。

（2）通过多种智能算法的比较，松鼠算法在多渠道共同仓储分渠道配送选址布局问题、多渠道共同仓储共同配送选址布局问题、考虑时间窗的共同仓储多渠道共同配送选址布局问题中具有较好的求解效果。在数据量较大的算例中，松鼠算法相比于狼群算法、鸡群算法、改进遗传算法和改进粒子群算法，求解性能更为稳定，求解结果更好。

（3）多渠道仓库存储位分配优化和拣货策略优化问题中，从求解结果来看，双通道单区布局的仓库存储拣货总体做功量要小于单通道单区布局的仓库存储拣货作业。原子搜索算法对基于货架稳定性因素的多渠道仓库存储位分配优化问题、基于存储平衡性因素的多渠道仓库存储位分配优化问题、基于单通道布局的仓库存储拣货策略优化问题、基于双通道单区布局的仓库存储拣货策略优化问题具有较好的求解效果，求解速度更快，寻优效果更稳定。

10.2　研究展望

10.2.1　本书的不足之处

本书仍存在不少不足之处，如没有考虑不同配送渠道货物的不同单位体积重量对配送车辆的载重影响，而是通过统一化的包装容器进行简化建模处理；在研究货架安全性和平衡性时，仅把平衡性作为约束变量进行了限制，没有在目标函数中进行双目标的体现；仓库拣货优化问题也以标准矩形货架仓库为基础对象，仅考虑了直线型的物流仓库，对于多层仓库、非规则区域布局没有涉及，也未考虑仓库理货与补货操作问题。

10.2.2　未来展望

在以后的研究中，首先，可以考虑不同渠道货物的搭载约束对配送方案的影响，同时，可以进一步研究软硬时间窗的窗口长度对配送方案和成本的影响，进而解决物流企业是否承接多渠道配送订单、成本和履约时间承诺等问题。其次，对于货位分配问题可以在目标函数中纳入平衡性指标，研究货位分配的双目标优化。最后，对于物流仓库拣货优化问题，拣货问题可以研究多层仓库、"U"型进出库作业顺序布局的拣货，以更全面地解决多渠道物流仓库拣货优化问题。

各点之间的距离一览表

表1

Dij	1	2	3	4	5	6	7	8	9	10	11	12	13	14	15	16	17	18	19	20	21
1	0.00										32.48	33.87	32.65	31.36	33.16	33.16	8.48	32.98	31.60	32.45	9.42
2		0.00									49.84	50.18	48.49	48.16	49.82	49.82	40.90	50.09	53.14	59.00	42.38
3			0.00								21.75	21.35	19.80	20.18	21.28	21.28	32.45	21.77	27.17	36.00	34.30
4				0.00							46.05	47.54	46.45	45.08	46.82	46.82	18.85	46.57	44.26	42.97	18.26
5					0.00						18.94	20.65	20.69	19.20	19.99	19.99	16.43	19.42	13.63	8.56	16.40
6						0.00					44.20	45.80	44.90	43.44	45.06	45.06	16.54	44.73	41.53	38.87	15.34
7							0.00				34.32	36.01	35.33	33.81	35.26	35.26	8.54	34.86	30.91	27.53	6.68
8								0.00			49.71	50.92	49.51	48.40	50.26	50.26	26.38	50.18	49.63	50.82	26.72
9									0.00		20.72	22.46	22.19	20.65	21.75	21.75	12.24	21.23	16.25	12.72	12.18
10										0.00	27.68	29.38	28.73	27.20	28.63	28.63	5.24	28.22	24.30	21.62	4.08

续表

Dij	1	2	3	4	5	6	7	8	9	10	11	12	13	14	15	16	17	18	19	20	21
11	32.48	49.84	21.75	46.05	18.94	44.20	34.32	49.71	20.72	27.68	0.00	1.74	2.18	1.69	1.05	1.05	27.68	0.54	6.37	16.14	28.87
12	33.87	50.18	21.35	47.54	20.65	45.80	36.01	50.92	22.46	29.38	1.74	0.00	1.69	2.52	0.75	0.75	29.28	1.24	7.80	17.55	30.50
13	32.65	48.49	19.80	46.45	20.69	44.90	35.33	49.51	22.19	28.73	2.18	1.69	0.00	1.55	1.49	1.49	28.36	2.03	8.52	18.28	29.65
14	31.36	48.16	20.18	45.08	19.20	43.44	33.81	48.40	20.65	27.20	1.69	2.52	1.55	0.00	1.86	1.86	26.90	1.95	7.44	17.12	28.17
15	33.16	49.82	21.28	46.82	19.99	45.06	35.26	50.26	21.75	28.63	1.05	0.75	1.49	1.86	0.00	0.00	28.53	0.64	7.32	17.10	29.75
16	33.16	49.82	21.28	46.82	19.99	45.06	35.26	50.26	21.75	28.63	1.05	0.75	1.49	1.86	0.00	0.00	28.53	0.64	7.32	17.10	29.75
17	8.48	40.90	32.45	18.85	16.43	16.54	8.54	26.38	12.24	5.24	27.68	29.28	28.36	26.90	28.53	28.53	0.00	28.21	25.44	24.68	1.88
18	32.98	50.09	21.77	46.57	19.42	44.73	34.86	50.18	21.23	28.22	0.54	1.24	2.03	1.95	0.64	0.64	28.21	0.00	6.69	16.46	29.41
19	31.60	53.14	27.17	42.97	13.63	41.53	30.91	49.63	16.25	24.30	6.37	7.80	8.52	7.44	7.32	7.32	25.44	6.69	0.00	9.78	26.29
20	32.45	59.00	36.00	42.97	8.56	38.87	27.53	50.82	12.72	21.62	16.14	17.55	18.28	17.12	17.10	17.10	24.68	16.46	9.78	0.00	24.83
21	9.42	42.38	34.30	18.26	16.40	15.34	6.68	26.72	12.18	4.08	28.87	30.50	29.65	28.17	29.75	29.75	1.88	29.41	26.29	24.83	0.00
22	6.77	39.59	32.55	17.32	18.21	15.49	8.76	24.59	14.03	6.75	28.93	30.49	29.51	28.08	29.75	29.75	1.79	29.46	26.94	26.43	2.80
23	4.11	36.04	30.12	17.26	20.49	16.85	12.05	22.50	16.45	10.16	28.88	30.34	29.20	27.86	29.62	29.62	4.92	29.39	27.67	28.34	6.35
24	3.85	36.82	31.68	15.94	20.83	15.30	10.81	21.96	16.70	9.69	30.12	31.60	30.50	29.14	30.88	30.88	4.63	30.64	28.67	28.88	5.67
25	5.56	38.97	35.57	12.87	22.16	11.45	8.19	21.07	17.94	9.60	33.34	34.88	33.86	32.45	34.14	34.14	6.01	33.86	31.39	30.55	5.77
26	4.58	37.61	35.55	11.70	23.78	11.19	9.68	19.33	19.56	11.33	34.36	35.87	34.79	33.41	35.13	35.13	7.47	34.88	32.65	32.12	7.44
27	11.09	44.60	38.67	15.65	18.96	11.52	2.63	26.05	14.86	5.95	33.06	34.72	33.94	32.44	33.97	33.97	6.26	33.60	30.07	27.52	4.51

续表

Dij	1	2	3	4	5	6	7	8	9	10	11	12	13	14	15	16	17	18	19	20	21
28	11.48	44.94	39.59	14.96	19.82	10.57	2.24	25.76	15.76	6.88	34.10	35.76	34.98	33.48	35.01	35.01	7.24	34.64	31.07	28.38	5.53
29	11.56	45.08	39.10	15.77	18.96	11.44	2.14	26.36	14.89	6.01	33.30	34.96	34.20	32.69	34.21	34.21	6.67	33.83	30.22	27.52	4.89
30	18.41	47.23	49.83	8.10	32.66	3.11	13.64	21.65	28.74	20.00	47.07	48.70	47.83	46.36	47.95	47.95	19.49	47.61	44.23	41.16	18.20
31	1.38	32.19	31.14	14.31	25.73	15.97	14.97	17.38	21.68	14.85	33.05	34.40	33.14	31.89	33.70	33.70	9.80	33.54	32.40	33.55	10.79
32	1.82	31.87	30.01	15.46	25.21	16.99	15.38	18.18	21.22	14.75	32.03	33.36	32.08	30.85	32.67	32.67	9.60	32.52	31.50	32.90	10.75
33	3.52	31.18	28.07	17.41	24.64	18.85	16.44	19.46	20.78	15.03	30.44	31.74	30.42	29.22	31.05	31.05	9.79	30.92	30.18	32.08	11.20
34	4.76	32.05	26.82	19.00	22.98	19.91	16.31	21.45	19.21	14.10	28.46	29.76	28.45	27.24	29.07	29.07	8.90	27.26	28.19	30.26	10.52
35	5.80	33.91	26.67	19.98	20.82	20.17	15.30	23.40	17.07	12.39	26.77	28.13	26.88	25.62	27.42	27.42	7.34	26.90	26.24	28.10	9.09
36	6.66	32.56	25.23	20.95	21.71	21.52	16.94	23.41	18.11	13.92	26.42	27.71	26.40	25.20	27.03	27.03	8.94	28.10	26.29	28.71	10.72
37	7.37	29.82	24.15	21.29	24.28	20.55	19.22	22.09	20.77	16.59	27.64	28.82	27.42	26.31	28.17	28.17	11.52	25.46	28.04	31.06	13.24
38	7.63	36.42	27.00	21.23	18.09	19.78	14.13	25.78	14.36	10.27	24.96	26.39	25.24	23.91	25.68	25.68	5.67	25.82	23.98	25.44	7.54
39	7.59	37.34	28.03	20.77	17.53	20.61	13.05	25.92	13.68	9.19	25.31	26.78	25.68	24.32	26.06	26.06	4.56	25.62	24.05	25.08	6.44
40	7.41	35.97	26.79	21.14	18.51	20.09	14.42	25.47	14.79	10.68	25.12	26.54	25.37	24.05	25.82	25.82	6.00	26.37	24.24	25.82	7.87
41	6.63	35.50	27.09	20.46	19.20	25.19	14.32	24.68	15.43	10.93	25.87	27.28	26.09	24.78	26.57	26.57	6.04	26.37	25.03	26.58	7.88
42	10.60	32.96	21.79	24.88	20.53	25.19	19.47	26.88	17.44	15.28	22.83	24.05	22.68	21.53	23.38	23.38	10.99	23.30	23.24	26.73	12.87
43	23.45	25.40	9.15	36.74	32.24	38.78	34.46	33.46	30.34	30.17	24.57	24.82	23.13	22.89	24.48	24.48	26.02	24.79	28.50	35.76	27.90

续表

Dij	22	23	24	25	26	27	28	29	30	31	32	33	34	35	36	37	38	39	40	41	42	43
1	6.77	4.11	3.85	5.56	4.58	11.09	11.48	11.56	18.41	1.38	1.82	3.52	4.76	5.80	6.66	7.37	7.63	7.59	7.41	6.63	10.60	23.45
2	39.59	36.04	36.82	38.97	37.61	44.60	44.94	45.08	47.23	32.19	31.87	31.18	32.05	33.91	32.56	29.82	36.42	37.34	35.97	35.50	32.96	25.40
3	32.55	30.12	31.68	35.57	35.55	38.67	39.59	39.10	49.83	31.14	30.01	28.07	26.82	26.67	25.23	24.15	27.00	28.03	26.79	27.09	21.79	9.15
4	17.32	17.26	15.94	12.87	11.70	15.65	14.96	15.77	8.10	14.31	15.46	17.41	19.00	19.98	20.95	21.29	21.23	20.77	21.14	20.46	24.88	36.74
5	18.21	20.49	20.83	22.16	23.78	18.96	19.82	18.96	32.66	25.73	25.21	24.64	22.98	20.82	21.71	24.28	18.09	17.53	18.51	19.20	20.53	32.24
6	15.49	16.85	15.30	11.45	11.19	11.52	10.57	11.44	3.11	15.97	16.99	18.85	19.91	20.17	21.52	22.69	20.55	19.78	20.61	20.09	25.19	38.78
7	8.76	12.05	10.81	8.19	9.68	2.63	2.24	2.14	13.64	14.97	15.38	16.44	16.31	15.30	16.94	19.22	14.13	13.05	14.42	14.32	19.47	34.46
8	24.59	22.50	21.96	21.07	19.33	26.05	25.76	26.36	21.65	17.38	18.18	19.46	21.45	23.40	23.41	22.09	25.78	25.92	25.47	24.68	26.88	33.46
9	14.03	16.45	16.70	17.94	19.56	14.86	15.76	14.89	28.74	21.68	21.22	20.78	19.21	17.07	18.11	20.77	14.36	13.68	14.79	15.43	17.44	30.34
10	6.75	10.16	9.69	9.60	11.33	5.95	6.88	6.01	20.00	14.85	14.75	15.03	14.10	12.39	13.92	16.59	10.27	9.19	10.68	10.93	15.28	30.17
11	28.93	28.88	30.12	33.34	34.36	33.06	34.10	33.30	47.07	33.05	32.03	30.44	28.46	26.77	26.42	27.64	24.96	25.31	25.12	25.87	22.83	24.57
12	30.49	30.34	31.60	34.88	35.87	34.72	35.76	34.96	48.70	34.40	33.36	31.74	29.76	28.13	27.71	28.82	26.39	26.78	26.54	27.28	24.05	24.82
13	29.51	29.20	30.50	33.86	34.79	33.94	34.98	34.20	47.83	33.14	32.08	30.42	28.45	26.88	26.40	27.42	25.24	25.68	25.37	26.09	22.68	23.13
14	28.08	27.86	29.14	32.45	33.41	32.44	33.48	32.69	46.36	31.89	30.85	29.22	27.24	25.62	25.20	26.31	23.91	24.32	24.05	24.78	21.53	22.89
15	29.75	29.62	30.88	34.14	35.13	33.97	35.01	34.21	47.95	33.70	32.67	31.05	29.07	27.42	27.03	28.17	25.68	26.06	25.82	26.57	23.38	24.48
16	29.75	29.62	30.88	34.14	35.13	33.97	35.01	34.21	47.95	33.70	32.67	31.05	29.07	27.42	27.03	28.17	25.68	26.06	25.82	26.57	23.38	24.48

续表

Dij	22	23	24	25	26	27	28	29	30	31	32	33	34	35	36	37	38	39	40	41	42	43
17	1.79	4.92	4.63	6.01	7.47	6.26	7.24	6.67	19.49	9.80	9.60	9.79	8.90	7.34	8.94	11.52	5.67	4.56	6.00	6.04	10.99	26.02
18	29.46	29.39	30.64	33.86	34.88	33.60	34.64	33.83	47.61	33.54	32.52	30.92	28.94	27.26	26.90	28.10	25.46	25.82	25.62	26.37	23.30	24.79
19	26.94	27.67	28.67	31.39	32.65	30.07	31.07	30.22	44.23	32.40	31.50	30.18	28.19	26.24	26.29	28.04	23.98	24.05	24.24	25.03	23.24	28.50
20	26.43	28.34	28.88	30.55	32.12	27.52	28.38	27.52	41.16	33.55	32.90	32.08	30.26	28.10	28.71	31.06	25.44	25.08	25.82	26.58	26.73	35.76
21	2.80	6.35	5.67	5.77	7.44	4.51	5.53	4.89	18.20	10.79	10.75	11.20	10.52	9.09	10.72	13.24	7.54	6.44	7.87	7.88	12.87	27.90
22	0.00	3.57	2.94	4.46	5.78	6.24	7.09	6.71	18.51	8.12	8.00	8.41	7.79	6.55	8.20	10.60	5.54	4.55	5.77	5.57	10.82	25.73
23	3.57	0.00	1.56	5.47	5.80	9.44	10.15	9.93	19.96	5.25	4.80	4.88	4.27	3.48	5.05	7.17	3.96	3.62	3.90	3.28	8.38	22.80
24	2.94	1.56	0.00	3.91	4.33	8.18	8.81	8.67	18.41	5.18	5.08	5.71	5.54	5.02	6.55	8.51	5.36	4.82	5.36	4.79	9.94	24.31
25	4.46	5.47	3.91	0.00	1.75	5.72	5.97	6.17	14.54	6.81	5.72	8.70	9.12	8.91	10.39	12.09	9.10	8.37	9.16	8.66	13.85	28.09
26	5.78	5.80	4.33	1.75	0.00	7.32	7.44	7.75	14.30	5.66	6.40	8.01	8.79	9.00	10.34	11.67	9.70	9.12	9.68	9.07	14.03	27.79
27	6.24	9.44	8.18	5.72	7.32	0.00	1.05	0.49	14.16	12.42	12.78	13.81	13.68	12.73	14.37	16.61	11.71	10.65	11.97	11.81	17.03	31.96
28	7.09	10.15	8.81	5.97	7.44	1.05	0.00	0.87	13.16	12.77	13.22	14.36	14.35	13.50	15.13	17.30	12.61	11.57	12.85	12.66	17.91	32.80
29	6.71	9.93	8.67	6.17	7.75	0.49	0.87	0.00	14.01	12.89	13.27	14.30	14.17	13.21	14.85	17.10	12.16	11.10	12.43	12.28	17.49	32.43
30	18.51	19.96	18.41	14.54	14.30	14.16	13.16	14.01	0.00	19.00	20.04	21.91	23.01	23.29	24.63	25.78	23.63	22.85	23.70	23.20	28.30	41.85
31	8.12	5.25	5.18	6.81	5.66	12.42	12.77	12.89	19.00	0.00	1.15	3.10	4.80	6.28	6.84	7.01	8.44	8.54	8.16	7.37	10.76	22.89
32	8.00	4.80	5.08	7.35	6.40	12.78	13.22	13.27	20.04	1.15	0.00	1.96	3.68	5.29	5.73	5.87	7.61	7.83	7.30	6.51	9.64	21.82

续表

Dij	22	23	24	25	26	27	28	29	30	31	32	33	34	35	36	37	38	39	40	41	42	43
33	8.41	4.88	5.71	8.70	8.01	13.81	14.36	14.30	21.91	3.10	1.96	0.00	2.00	4.02	4.02	3.92	6.64	7.12	6.26	5.50	7.83	19.94
34	7.79	4.27	5.54	9.12	8.79	13.68	14.35	14.17	23.01	4.80	3.68	2.00	0.00	2.17	2.06	2.98	4.89	5.54	4.47	3.78	5.96	19.01
35	6.55	3.48	5.02	8.91	9.00	12.73	13.50	13.21	23.29	6.28	5.29	4.02	2.17	0.00	1.65	4.20	2.73	3.47	2.31	1.64	5.03	19.35
36	8.20	5.05	6.55	10.39	10.34	14.37	15.13	14.85	24.63	6.84	5.73	4.02	2.06	1.65	0.00	2.74	3.86	4.82	3.42	3.00	3.94	17.76
37	10.60	7.17	8.51	12.09	11.67	16.61	17.30	17.10	25.78	7.01	5.87	3.92	2.98	4.20	2.74	0.00	6.60	7.55	6.16	5.72	4.85	16.12
38	5.54	3.96	5.36	9.10	9.70	11.71	12.61	12.16	23.63	8.44	7.61	6.64	4.89	2.73	3.86	6.60	0.00	1.11	0.45	1.13	5.34	20.36
39	4.55	3.62	4.82	8.37	9.12	10.65	11.57	11.10	22.85	8.54	7.83	7.12	5.54	3.47	4.82	7.55	1.11	0.00	1.49	1.84	6.44	21.46
40	5.77	3.90	5.36	9.16	9.68	11.97	12.85	12.43	23.70	8.16	7.30	6.26	4.47	2.31	3.42	6.16	0.45	1.49	0.00	0.79	5.06	20.05
41	5.57	3.28	4.79	8.66	9.07	11.81	12.66	12.28	23.20	7.37	6.51	5.50	3.78	1.64	3.00	5.72	1.13	1.84	0.79	0.00	5.30	20.16
42	10.82	8.38	9.94	13.85	14.03	17.03	17.91	17.49	28.30	10.76	9.64	7.83	5.96	5.03	3.94	4.85	5.34	6.44	5.06	5.30	0.00	15.04
43	25.73	22.80	24.31	28.09	27.79	31.96	32.80	32.43	41.85	22.89	21.82	19.94	19.01	19.35	17.76	16.12	20.36	21.46	20.05	20.16	15.04	0.00

表2　　　　　　　　　　　　各点的经纬度与类型

点序号	经度	纬度	点类型（DC：仓库；CS：需求点）
1	121.471550	31.240390	DC
2	121.725530	31.031560	DC
3	121.402107	30.963451	DC
4	121.546990	31.351490	DC
5	121.213700	31.229830	DC
6	121.481660	31.378070	DC
7	121.374870	31.331270	DC
8	121.660360	31.276510	DC
9	121.256350	31.240450	DC
10	121.337723	31.280540	DC
11	121.203390	31.059710	CS
12	121.199019	31.044522	CS
13	121.216760	31.043790	CS
14	121.220860	31.057280	CS
15	121.203111	31.050262	CS
16	121.203111	31.050262	CS
17	121.383995	31.254892	CS
18	121.200530	31.055560	CS
19	121.175440	31.111720	CS
20	121.134944	31.192519	CS
21	121.379310	31.271300	CS
22	121.402771	31.256143	CS
23	121.429160	31.233300	CS
24	121.431870	31.247170	CS
25	121.438780	31.281820	CS
26	121.456990	31.279690	CS
27	121.389170	31.311000	CS
28	121.393967	31.319469	CS
29	121.386590	31.314850	CS
30	121.489410	31.405270	CS

续表

点序号	经度	纬度	点类型（DC：仓库；CS：需求点）
31	121.484310	31.234480	CS
32	121.478800	31.225270	CS
33	121.471680	31.208768	CS
34	121.452900	31.200680	CS
35	121.430190	31.202060	CS
36	121.436750	31.188370	CS
37	121.460770	31.174763	CS
38	121.401950	31.206290	CS
39	121.397265	31.215473	CS
40	121.406060	31.204350	CS
41	121.41385	31.20691	CS
42	121.41318	31.15922	CS
43	121.45895	31.02981	CS

参 考 文 献

［1］崔雪丽，朱道立，马良．模糊约定时间车辆路径问题及其蚂蚁算法求解［J］．系统工程学报，2009（4）：489－493.

［2］邓爱民．城市配送系统优化研究［D］．武汉理工大学，2005.

［3］董芝芳．基于共同配送的城市快递各等级网点布局研究［D］．大连：大连理工大学，2017.

［4］范静静．基于共同配送的快递配送中心作业布局研究［D］．北京：北京邮电大学，2017.

［5］葛显龙，薛桂琴．不确定环境下多品类共同配送路径优化［J］．计算机工程与应用，2019，55（9）：264－270.

［6］郭依．智能仓储系统待命位策略及仓库布局优化研究［D］．武汉：华中科技大学，2016.

［7］姜新荣．物联网下第三方物流资源优化配置理论及应用研究［D］．长沙：湖南大学，2017.

［8］姜彦宁，徐奇，张然，靳志宏．共同配送作业模式优化［J］．大连海事大学学报，2017（2）：53－59.

［9］蒋美仙，冯定忠，赵晏林，禹美凤．基于改进Fishbone的物流仓库布局优化［J］．系统工程理论与实践，2013（11）：2920－2929.

［10］李进，傅培华，李修琳，张江华，朱道立．低碳环境下的车辆路径问题及禁忌搜索算法研究［J］．中国管理科学，2015（10）：98－106.

［11］李梅娟．自动化仓储系统优化方法的研究［D］．大连：大连理工大学，2008.

［12］李美馨．基于共同配送的车辆路径优化研究［D］．西安：长安大学，2017.

[13] 李云龙. 电商环境下城市末端共同配送网点选址—路径研究 [D]. 成都：西南交通大学，2018.

[14] 刘生建，杨艳，周永权. 一种群体智能算法——狮群算法 [J]. 模式识别与人工智能，2018（5）：431 –41.

[15] 陆华，袁敏，刘玉霞，杜志平. 共同配送对城市货运交通系统的效益研究 [J]. 交通运输系统工程与信息，2019（6）：6 – 12.

[16] 沈中华. 基于蚁群优化算法的仓库布局优化研究 [D]. 合肥：合肥工业大学，2006.

[17] 王启光. 共同配送下需求可拆分的车辆路径问题研究 [D]. 北京：北京交通大学，2017.

[18] 卫振林，王颖翀. 基于仓储中心的共同配送模式 [J]. 中国科技信息，2014（24）：42 –43.

[19] 吴雨诗. 快递企业城市配送网点选址及联合配送优化模型 [D]. 大连：大连海事大学，2018.

[20] 杨朋珏. 电子商务环境下城市末端共同配送网点选址研究 [D]. 上海：上海交通大学，2014.

[21] 张帆. 带时间窗推荐的城市货运共同配送系统研究 [D]. 北京：北京交通大学，2015.

[22] 张潜. 基于共同配送的城市物流优化方案研究 [C]. 中国软科学研究会. 第七届中国软科学学术年会论文集（上）. 中国软科学研究会：中国软科学研究会，2009：296 –301.

[23] 赵宁，王琦璐. 面向共同配送的建模仿真研究 [J]. 系统仿真技术，2007（3）：174 –177.

[24] 赵珊. 基于SLP理论的仓库布局研究 [D]. 北京：北京交通大学，2018.

[25] Agatz N A H, Fleischmann M, van Nunen J A E E. E-fulfillment and multi-channel distribution-A review [J]. European Journal of Operational Research, 2008, 187（2）：339 –356.

[26] Aiello G, Enea M, Galante G. A multi-objective approach to facility layout problem by genetic search algorithm and Electre method [J]. Robotics

and Computer-Integrated Manufacturing, 2006, 22: 447 – 455.

[27] Alawneh F, Zhang G. Dual-channel warehouse and inventory management with stochastic demand [J]. Transportation Research Part E: Logistics and Transportation Review, 2018 (112): 84 – 106.

[28] Alptekinoğlu A, Tang C S. A model for analyzing multi-channel distribution systems [J]. European Journal of Operational Research, 2005, 163 (3): 802 – 824.

[29] Al-Sultan, K S, Al-Fawzan, M A. A tabu search approach to the uncapacitated facility location problem [J]. Annals of Operations Research, 1999, 86: 91 – 103.

[30] Alves F, Perron J C. Influence of annealing treatments on permeability aftereffects in some iron-or cobalt-based amorphous alloys [J]. Journal of Magnetism and Magnetic Materials, 1992, 112: 337 – 340.

[31] Arnaout, J P. Worm optimization for the multiple level warehouse layout problem. Annals of Operations Research, 2018, 269 (1 – 2): 29 – 51.

[32] Askarzadeh A. A novel metaheuristic method for solving constrained engineering optimization problems: Crow search algorithm [J]. Computers & Structures, 2016 (169): 1 – 12.

[33] Awasthi, A A, Chauhan, S S, Goyal, S K. Multi-criteria decision making approach for location planning for urban distribution centers under uncertainty [J]. Mathematical and Computer Modelling, 2011, 53: 98 – 109.

[34] Azadeh A, Haghighi S M, Asadzadeh S M, Saedi H. A new approach for layout optimization in maintenance workshops with safety factors: The case of a gas transmission unit [J]. Journal of Loss Prevention in the Process Industries, 2013, 26 (6): 1457 – 1465.

[35] Azevedo M M, Crispim J A, De Sousa J P. A dynamic multi-objective approach for the reconfigurable multi-facility layout problem [J]. Journal of Manufacturing Systems, 2017, 42: 140 – 152.

[36] Barratt M, Kull T J, Sodero A C. Inventory record inaccuracy dynamics and the role of employees within multi-channel distribution center invento-

ry systems [J]. Journal of Operations Management, 2018, 63: 6 – 24.

[37] Benabes J, Poirson E, Bennis F. Integrated and interactive method for solving layout optimization problems [J]. Expert Systems with Applications, 2013, 40 (15): 5796 – 5803.

[38] Bertsimas, D J, Jaillet, P, Odoni, A R. A priori optimisation [J]. Operations Research, 1990 (38): 1019 – 1033.

[39] Bollapragada, Srinivas, Akella, Ram; Srinivasan, Ramesh. Centralized ordering and allocation policies in a two-echelon system with non-identical warehouses [J]. European Journal of Operational Research, 1998, 106 (1): 74 – 81.

[40] Bozer Y A, Meller R D, Erlebacher S J. An improvement-type layout algorithm for single and multiple floor facilities [J]. Management Science, 1994, 40 (7): 918 – 932.

[41] Bravo, J J, Vidal, C J. Freight transportation function in supply chain optimization models: A critical review of recent trends [J]. Expert Systems with Applications, 2013, 40 (17): 6742 – 6757.

[42] Brunaud, Braulio, Bassett, Matthew H, Agarwal, Anshul, Wassick, John M, Grossmann, Ignacio E. Efficient formulations for dynamic warehouse location under discrete transportation costs [J]. Computers and Chemical Engineering, 2018: 311 – 323.

[43] Çelik, M, Süral, H. Order picking in parallel-aisle warehouses with multiple blocks: Complexity and a graph theory-based heuristic [J]. International Journal of Production Research, 2019, 57 (3): 888 – 906.

[44] Chen D S, Wang Q, Chen H C. Linear sequencing for machine layouts by a modified simulated annealing [J]. International Journal of Production Research, 2001, 39 (8): 1721 – 1732.

[45] Cheng R, Gen M, Tosawa T. Genetic algorithms for designing loop layout manufacturing systems [J]. Computers & Industrial Engineering., 1996, 31 (3 – 4): 587 – 591.

[46] Civicioglu P, Besdok E. A conceptual comparison of the Cuckoo-

search, particle swarm optimization, differential evolution and artificial bee colony algorithms [J]. Artificial Intelligence Review, 2013, 39 (4): 315 – 346.

[47] Cura Tunchan. A parallel local search approach to solving the uncapacitated warehouse location problem [J]. Computers and Industrial Engineering, 2010, 59 (4): 1000 – 1009.

[48] Dantzig, G B, Ramser, J H. Optimum routing of gasoline delivery trucks [J]. World Petroleum Congress – Proceedings, 1959, Sec Ⅷ: 229 – 238.

[49] Dantzig, G B, Ramser, J M. The truck dispatching problem [J]. Management Science 1959 (6): 81 – 91.

[50] Derhami, Shahab, Smith, Jeffrey S, Gue, Kevin R. A simulation-based optimization approach to design optimal layouts for block stacking warehouses [J]. International Journal of Production Economics, 2019, 10 (8): 525 – 555.

[51] Djellab H, Gourgand A. A new heuristic procedure for the single-row facility layout problem [J]. International Journal of Computer Integrated Manufacturing, 2001, 14 (3): 270 – 280.

[52] Dowsland K A, Soubeiga E, Burke E. A simulated annealing based hyperheuristic for determining shipper sizes for storage and transportation [J]. European Journal of Operational Research, 2007, 179 (3): 759 – 774.

[53] Eckhardt U. A generalization of Alfred Weber's problem [J]. First Symposium on Operations Research, 1977, 9 (1 – 3): 34 – 36.

[54] Erlenkotter D. Dual-based procedure for uncapacitated facility location [J]. Operation Research, 1978, 26 (6): 992 – 1009.

[55] Farahani, Reza Zanjirani, Hekmatfar, Masoud, Arabani, Alireza Boloori, Nikbakhsh, Ehsan. Hub location problems: A review of models, classification, solution techniques, and applications [J]. Computers and Industrial Engineering, 2013, 64 (4): 1096 – 1109.

[56] Feo T A, Resende M G C. Greedy randomized adaptive search pro-

cedures [J]. Journal of Global Optimization, 1995, 6 (2): 109 – 133.

[57] Ficko, M, Brezocnik, M, Balic, J. Designing the layout of single-and multiple-rows flexible manufacturing system by genetic algorithms [J]. Journal of Materials Processing Technology, 2004, 157: 150 – 158.

[58] Frazelle, E. Small parts order picking: equipment and strategy [J]. Proceedings of the 10th International Conference on Automation in Warehousing, 1989: 113 – 145.

[59] Fu C, Chang W, Xue M, Yang S. Multiple criteria group decision making with belief distributions and distributed preference relations [J]. European Journal of Operational Research, 2019, 273 (2): 623 – 633.

[60] Garcia, Daniel J, You, Fengqi. Supply chain design and optimization: Challenges and opportunitiesJ [J]. Computers and Chemical Engineering, 2015, 81: 153 – 170.

[61] Geng Q, Mallik S. Inventory competition and allocation in a multi-channel distribution system [J]. European Journal of Operational Research, 2007, 182 (2): 704 – 729.

[62] Ghiani G, Improta G. An algorithm for the hierarchical Chinese postman problem [J]. Operations Research Letters, 2000, 26 (1): 27 – 32.

[63] Goodson J C. A priori policy evaluation and cyclic-order-based simulated annealing for the multi-compartment vehicle routing problem with stochastic demands [J]. European Journal of Operational Research, 2015, 241 (2): 361 – 369.

[64] Hathhorn, J, Sisikoglu, E, Sir, M Y. A multi-objective mixed-integer programming model for a multi-floor facility layout [J]. International Journal of Production Research, 2013, 51 (14): 4223 – 4239.

[65] Heidari A A, Mirjalili S, Faris H, Aljarah I, Mafarija M, Chen H. Harris hawks optimization: Algorithm and applications [J]. Future Generation Computer Systems, 2019 (97): 849 – 872.

[66] Holzapfel A, Kuhn H, Sternbeck M G. Product allocation to different types of distribution center in retail logistics networks [J]. European Journal

of Operational Research, 2018, 264 (3): 948 – 966.

[67] Hong, S, & Kim, Y. A route-selecting order batching model with the S-shape routes in a parallel-aisle order picking system [J]. European Journal of Operational Research, 2017, 257 (1): 185 – 196.

[68] Hong, S, Johnson, A L, & Peters, B A. Order batching in a bucket brigade order picking system considering picker blocking [J]. Flexible Services and Manufacturing Journal, 2016, 28 (3): 425 – 441.

[69] Huang S, Wang Q, Batta R, Nagi R. An integrated model for site selection and space determination of warehouses [J]. Computers & Operations Research, 2015 (62): 169 – 176.

[70] Jain M, Singh V, Rani A. A novel nature-inspired algorithm for optimization: Squirrel search algorithm [J]. Swarm and Evolutionary Computation, 2019 (44): 148 – 175.

[71] Kalayci, Can B, Kaya, Can. An ant colony system empowered variable neighborhood search algorithm for the vehicle routing problem with simultaneous pickup and delivery [J]. Expert Systems with Applications, 2016, 66: 163 – 175.

[72] Kennedy J, Eberhart R. Particle swarm optimization. Proceedings of the 1995 IEEE International Conference on Neural Networks Part 1 (of 6), 1995, 11: 1942 – 1948.

[73] Kim J G, Kim Y D. Layout planning for facilities with fixed shapes and input and output points [J]. International Journal of Production Research, 2000, 38 (18): 4635 – 4653.

[74] Kirkpatrick, S. Spin glasses in optimization theory and biology [J]. Journal of the Physical Society of Japan, 1983, 52: 171.

[75] Klose, Andreas, Drexl, Andreas. Facility location models for distribution system design [J]. European Journal of Operational Research, 2005, 162 (1): 4 – 29.

[76] Koerkel, Manfred. Display: On the exact solution of large-scale simple plant location problems [J]. European Journal of Operational Research,

1989, 39 (2): 157 – 173.

[77] Koopmans T C, Beckmann M. Assignment problems and the location of economic activities [J]. Econometrica, 1957, 25 (1): 53 – 76.

[78] Kratica, J, Tosic, D, Filipovic, V, Ljubic, I. Solving the simple plant location problem by genetic algorithm [J]. RAIRO-Operations Research, 2001, 35 (1): 127 – 142.

[79] Kulturel-Konak S, Konak A. A large-scale hybrid simulated annealing algorithm for cyclic facility layout problems [J]. Engineering Optimization, 2015, 47 (7): 963 – 978.

[80] Laporte, G, Louveaux, F V, Mercure, H. Models and exact solutions for a class of stochastic location-routing problems [J]. European Journal of Operational Research, 1989 (39): 71 – 78.

[81] Lee C J. Optimal Multi-floor Plant Layout based on the Mathematical Programming [J]. 24th European Symposium on Computer Aided Process Engineering, 2014: 1477 – 1482.

[82] Lee J. Optimal multi-floor plant layout based on the mathematical programming and particle swarm optimization [J]. Industrial Health, 2015, 53 (6): 491 – 497.

[83] Lerher T, Potrč I, Šraml M, Tollazzi T. Travel time models for automated warehouses with aisle transferring storage and retrieval machine [J]. European Journal of Operational Research, 2010, 205 (3): 571 – 583.

[84] Lin Y-S, Wang K-J. A two-stage stochastic optimization model for warehouse configuration and inventory policy of deteriorating items [J]. Computers & Industrial Engineering, 2018 (120): 83 – 93.

[85] Mahroof K. A human-centric perspective exploring the readiness towards smart warehousing: The case of a large retail distribution warehouse [J]. International Journal of Information Management, 2019 (45): 176 – 190.

[86] Malaguti E, Nannicini G, Thomopulos D. Optimizing allocation in a warehouse network [J]. Electronic Notes in Discrete Mathematics, 2018 (64): 195 – 204.

［87］ Manzini R，Bindi F. Strategic design and operational management optimization of a multi stage physical distribution system ［J］. Transportation Research Part E：Logistics and Transportation Review，2009，45（6）：915 – 936.

［88］ Medina-Herrera N，Jiménez-Gutiérrez A，Grossmann I E. A mathematical programming model for optimal layout considering quantitative risk analysis ［J］. Computers & Chemical Engineering，2014（68）：165 – 181.

［89］ Meng X B，Liu Y，Gao X Z，Zhang H Z. A New Bio-inspired Algorithm：Chicken Swarm Optimization ［J］. International Conference in Swarm Intelligence，2014：86 – 94.

［90］ Michel Laurent，Van Hentenryck，Pascal. A simple tabu search for warehouse location ［J］. European Journal of Operational Research，2004，157（3）：576 – 591.

［91］ Miranda P A，Garrido R A. Inventory service-level optimization within distribution network design problem ［J］. International Journal of Production Economics，2009，122（1）：276 – 285.

［92］ Mirjalili S，Lewis A. The Whale Optimization Algorithm ［J］. Advances in Engineering Software，2016，95：51 – 67.

［93］ Mirjalili S，Mirjalili S M，Lewis A. Grey Wolf Optimizer ［J］. Advances in Engineering Software，2014，69：46 – 61.

［94］ Mirjalili S. Moth-flame optimization algorithm：A novel nature-inspired heuristic paradigm ［J］. Knowledge-Based Systems，2015，89：228 – 249.

［95］ Mirjalili S. SCA：A Sine Cosine Algorithm for solving optimization problems ［J］. Knowledge-Based Systems，2016（96）：120 – 133

［96］ Mirjalili S. The Ant Lion Optimizer ［J］. Advances in Engineering Software，2015（83）：80 – 98.

［97］ Mohamadghasemi A，Hadi-Vencheh A. An integrated synthetic value of fuzzy judgments and nonlinear programming methodology for ranking the facility layout patterns ［J］. Computers & Industrial Engineering，2012，62（1）：342 – 348.

［98］ Önüt S, Tuzkaya U R, Doğaç B. A particle swarm optimization algorithm for the multiple-level warehouse layout design problem ［J］. Computers & Industrial Engineering, 2008, 54 (4): 783 –799.

［99］ Pyke D F, Cohen M A. Multiproduct integrated production—distribution systems ［J］. European Journal of Operational Research, 1994, 74 (1): 18 –49.

［100］ Rieck J, Ehrenberg C, Zimmermann J. Many-to-many location-routing with inter-hub transport and multi-commodity pickup-and-delivery ［J］. European Journal of Operational Research, 2014, 236 (3): 863 –878.

［101］ Stewart W R, Golden B L. Stochastic vehicle routing: A comprehensive approach ［J］. European Journal of Operational Research, 1983 (14): 371 –385.

［102］ Tadumadze G, Boysen N, Emde S, Weidinger F. Integrated truck and workforce scheduling to accelerate the unloading of trucks ［J］. European Journal of Operational Research, 2019, 278 (1): 343 –362.

［103］ Tompkins J A, White J A, Bozer Y A, Frazelle E H, Tanchoco J M, Trevino J. Facilities planning ［M］. New York: Wiley, 1996.

［104］ Van Gils T, Caris A, Ramaekers K, Braekers K. Formulating and solving the integrated batching, routing, and picker scheduling problem in a real-life spare parts warehouse ［J］. European Journal of Operational Research, 2019, 277 (3): 814 –830.

［105］ Wei L, Zhang Z, Zhang D, Leung S C H. A simulated annealing algorithm for the capacitated vehicle routing problem with two-dimensional loading constraints ［J］. European Journal of Operational Research, 2018, 265 (3): 843 –859.

［106］ Weidinger F, Boysen N, Schneider M. Picker routing in the mixed-shelves warehouses of e-commerce retailers ［J］. European Journal of Operational Research, 2019, 274 (2): 501 –515.

［107］ Wong L N Y, Lai V S K, Tam T P Y. Joint spacing distribution of granites in Hong Kong ［J］. Engineering Geology, 2018, 245: 120 –129.

［108］Wu T-q, Yao M, Yang J-h. Dolphin swarm algorithm ［J］. Frontiers of Information Technology & Electronic Engineering, 2016, 17 (8): 717 – 729.

［109］Wu Y, Wang Y, Feng X. A heuristic approach for petrochemical plant layout considering steam pipeline length ［J］. Chinese Journal of Chemical Engineering, 2016, 24 (8): 1032 – 1037.

［110］Wutthisirisart, P, Noble, J S, Chang, C A. A two-phased heuristic for relation-based item location ［J］. Computers & Industrial Engineering, 2015, 82: 94 – 102.

［111］Xie W, Jiang Z, Zhao Y, Hong J. Capacity planning and allocation with multi-channel distribution ［J］. International Journal of Production Economics, 2014, 147: 108 – 116.

［112］Yan J, He W, Jiang X, Zhang Z. A novel phase performance evaluation method for particle swarm optimization algorithms using velocity-based state estimation ［J］. Applied Soft Computing, 2017, 57: 517 – 525.

［113］Yang T, Peters B A, Tu M. Layout design for flexible manufacturing systems considering single-loop directional flow patterns ［J］. European Journal of Operational Research, 2005, 164 (2): 440 – 455.

［114］Yingzhen Chen, Qiuhong Zhao, Lei Wang, Dessouky, M. The regional cooperation-based warehouse location problem for relief supplies ［J］. Computers & Industrial Engineering, 2016, 102: 259 – 267.

［115］Zhang M, Dou Z, Liu L, Jiang J, Mebarki A, Ni L. Study of optimal layout based on integrated probabilistic framework (IPF): Case of a crude oil tank farm ［J］. Journal of Loss Prevention in the Process Industries, 2017 (48): 305 – 311.

［116］Zhang, Yipeng. Multi-objective evolutionary algorithms of correlated storage assignment strategy ［J］. 15th International Conference on Modeling and Applied Simulation, 2016: 16 – 24.

［117］Zhao W, Wang L, Zhang Z. Atom search optimization and its application to solve a hydrogeologic parameter estimation problem ［J］. Knowledge-Based Systems, 2019 (163): 283 – 304.